Um silêncio avassalador

CB123472

Lucas Barroso

Um silêncio avassalador

MOINHOS

© Moinhos, 2016.
© Lucas Barroso, 2016.

Edição:
Camila Araujo & Nathan Matos

Revisão:
LiteraturaBr Serviços Editoriais

Diagramação e Projeto Gráfico:
LiteraturaBr Serviços Editoriais

Ilustração da Capa & Capa:
Lily Oliveira

1ª edição, Belo Horizonte, 2016.

Nesta edição, respeitou-se o
Novo Acordo Ortográfico da Língua Portuguesa.

B277u
Barroso, Lucas | Um silêncio avassalador
ISBN 978-85-92579-02-9
CDD B869.3
Índices para catálogo sistemático
1. Contos I. Título

Belo Horizonte:
Editora Moinhos
2016 | 96 p.; 21 cm.

Todos os direitos desta edição reservados à
Editora Moinhos
editoramoinhos.com.br
editoramoinhos@gmail.com

Sumário

Lembro que fiquei em silêncio. Que, feito dizia minha mãe, é como a gente deve ficar diante das coisas que não compreende direito.

Marçal Aquino

Vivendo em Hollywood

Você assistiu a muitos filmes de Hollywood e acreditou que beber e fumar te deixaria mais sexy, porque os personagens fazem isso o tempo todo e recebem uma atenção significativa das mulheres. Então, você vai lá: bebe e fuma. Repete a equação algumas vezes, mas sem resultado. Até o momento em que – eu estou resumindo a história – você senta sozinho em um bar. E essa triste cena se repete. Pois o mais deprimente seria ficar em casa – ainda mais depois que você entregou os gatos para adoção e cancelou a TV por assinatura, porque quase todos os canais eram de receitas culinárias. Um dia, uma mulher se aproxima, senta ao seu lado no balcão e pergunta se você tem fogo. Sim, lógico que você tem. Você faz um gesto ágil em seu Zippo falsificado e uma labareda surge e ilumina por pouco tempo o lugar. Você quase consegue vê-la por completo. Depois, ela lhe pede uma bebida. É tudo muito estranho. Isso raramente aconteceu, pois você não está em Hollywood. Você já bebeu e fumou o suficiente para não cair nesse truque. Você está mais gordo e com uma péssima dentição. Sua pele não está boa. Só em Hollywood os homens pisam fundo e ainda mantêm os braços musculosos e a barriga em dia. Sua aparência se assemelha a de um figurante totalmente inexpressivo. Você retorna a mulher. Não prestou atenção em quase nada do que ela falou. Apenas algumas palavras e frases soltas. *Cocaína; meu ex-marido; meu filho está com minha mãe; essa cidade é uma merda; esses políticos são um bando de ladrões safados; meu pai me batia; como os aluguéis estão caros hoje em dia; os bancos estão acabando com a gente; televisão só transmite porcaria, tem um ou outro programa de culinária que eu gosto...* Você só balança a cabeça, dá umas bicadas em seu copo, dobra as sobrancelhas ou oferece sorrisos curtos. Se fosse em Hollywood, ela seria uma espécie de modelo fotográfica ou garota da previsão de tempo fracassada e você aparentemente teria sorte em encontrá-la. Mas seria só uma isca. Depois das primeiras noites tórridas de sexo – em Hollywood o sexo é sempre quente –, vocês viveriam em guerra. Ela teria outros amantes. Você, outras. Os dois teriam crises de ciúmes. Seria uma barra, seria doentio. O final do filme seria uma fuga, deixando pequenos delitos ou crimes para trás. Você guardaria umas novas cicatrizes, que só trariam orgulho pra você – nem cicatrizes de guerra são mais motivo de orgulho, as de briga então... Ela, a personagem secundária, a coadjuvante da história, seguiria do ponto onde lhe encontrou. E, certamente, outro homem triste a acolheria. A resposta para tudo isso, ou a moral, pouco importaria. Seria só uma breve história de amor sem redenção alguma. Uma parábola em que os personagens se ferem por serem solitários e não encontrarem respostas. Afinal, quem tem pretensão em tê-las? Você acorda do transe que foi assistir a esse "filme b" e ri de toda essa bobagem que inventou. Ela, que estava falando sobre como as crianças sabem ser cruéis, usando como exemplo seu filho de cinco anos que a chamou de puta na frente de toda a família em uma noite de Natal, se surpreende com sua alegria repentina. Você se desculpa e diz que pensou numa besteira, numa piada. Ela quer saber o que é. Diz que ficou muito curiosa e também quer rir. Você pergunta se ela não quer seguir a conversa na sua casa. Lá você conta o que te fez cair em gargalhada. Ela aceita o convite. Fala que está ansiosa para ouvir a tal piada. Na verdade, você não sabe contar uma sequer, mas tem noites que vale a pena arriscar.

Um acordo tácito

Na noite anterior, eu tinha brochado com uma amiga. Eu desconfiei que ela ficou comigo por pena, por ser legal e querer me ver pra cima. Faz pouco, havia saído de um relacionamento e estava na fossa. Foi uma pena, porque merecíamos uma noite juntos. Isso, muito mais do que a brochada, me magoou. E não tinha remédio. Quando você brocha, você se sente patético. A maneira que encontrei pra esquecer aquele novo acontecimento foi sair sozinho. Decidi ir a uma região oposta da que vou habitualmente – e onde vivo –, pois não queria encontrar ninguém conhecido. Ter que conversar, explicar, relatar tudo que se passava seria um erro brutal. Então, tomei o primeiro táxi e atravessei a cidade. Sentei em um bar caindo aos pedaços. Pedi uma dose do uísque mais barato e uma cerveja – a mais gelada. O lugar tinha seus bêbados tradicionais, com seus olhares vagos, rostos vermelhos, escorados pelos cantos, como baratas que estão prontas para serem pisadas. O movimento era frenético. Muitos jovens entrando e saindo com seus sorrisos e seus planos infalíveis. Tramavam alguma coisa.

Com vinte e poucos anos você vive tramando coisas. Meu Deus, que chatice! Eles tinham comportamentos e gestos forçados. Queriam se mostrar para alguém. Eu não tinha mais paciência para aquelas cenas. Saí daquele lugar o mais rápido possível. Ao pisar na calçada, me deparei com uma fila indiana. Ao lado do bar, uma casa noturna receberia o show de uma banda de *rock and roll*, com uma certa repercussão e fama na cidade.

Comprei um tíquete na bilheteria e entrei. Fiquei contente por constatar que não destoava tanto do povo. Aguardei o início do show – que só começou uma hora e quarenta minutos depois do tempo estabelecido, tinha me esquecido que os shows de rock são assim mesmo – sentado na copa. Aliás, acho que só eu, entre os presentes, ainda falava *copa*. Os três integrantes da banda apareceram. Guitarra, baixo e bateria. Mandaram um som sem frescura, honesto. Desisti de ficar onde estava. Copa não é um bom ambiente em show de rock. Com muito custo, serpenteando a pequena aglomeração, encontrei um lugar para não ser esbarrado. Na sexta canção, uma mulher derruba minha cerveja, pede desculpas e me abraça com vigor, um tom acima de quem se sente culpada. Estava visivelmente embriagada, tinha quase o meu tamanho e pesava, aparentemente, mais que eu. Se tivesse que resumi-la, diria que se tratava de uma gordinha com rosto encantador.

Tentamos conversar, mas o som impedia um entendimento mútuo. Então, nos beijamos e ela ficou ali, dançando para mim. Balançava os cabelos e sorria. Parava um pouco de dançar e me beijava com força, com gosto. Realizou essa operação algumas vezes. Em uma das suas investidas, não me contive e enfiei a mão sob seu vestido. Rasguei um pedaço de sua meia-calça e a toquei por dentro. Foi rápido, foi um gesto bobo, adolescente – exatamente como aqueles que tinha visto há pouco no bar –, que a fez me olhar fixamente pela primeira vez.

– O que você tá pensando?!

– O quê? – me fiz de desentendido, como se não ouvisse bem ou não tivesse feito nada de anormal.

– Por que você fez isso?

Não tinha uma resposta para aquela minha atitude intempestiva. Acabei mentindo, disse que não havia conseguido resistir, que ela era um tesão. Achei um argumento tosco, chulo, mas era o que tinha para aquele momento. E, na verdade, eu pouco me importava.

– Vamos para o meu apartamento – ela ordenou.

Atravessamos a pista com esmero, durante um refrão qualquer. Em pouco tempo, conseguimos um táxi, que ela – pra minha sorte – fez questão de pagar. No caminho, nos beijamos algumas vezes de forma calorosa. Ela foi me tocando durante o trajeto e sussurrando barbaridades em meu ouvido. Eu ria de tudo. Se ela cumprisse metade das suas promessas, eu teria uma noite muito feliz. O taxista espiava pelo espelho retrovisor e eu pensava que os homens deveriam valorizar mais as gordas. Muitas delas – pelo menos as que tive contato – tinham iniciativa e pareciam seguras quando o assunto era sexo. Gozavam, gemiam sem moderação e quase não tinham pudores. Elas sempre me fizeram um bem danado e, acredito, também fui legal com elas. Com essa, que sequer tive a curiosidade de perguntar o nome, acredito que seria assim.

Passamos pelo porteiro, que acordou só para acenar para ela e logo retornou ao seu sono, e pegamos o elevador até o oitavo andar. Era um residencial discreto, típico da classe-média, com seus extintores, grades, alarmes e câmeras internas.

– Você quer beber alguma coisa? – perguntou.

– Bebo o que você beber.

– Gosto de vodca com Coca. Pode ser para você?

– Claro.

Me alcançou um copo quase cheio. Só não estava completamente, porque no caminho, da cozinha pra sala – onde eu aguardava sentado –, derramou um tanto no tapete. Mesmo cambaleante, não demonstrava estar tão bêbada.

– Como sou mal-educado. Eu nem perguntei seu nome – falei, para quebrar o gelo.

– E isso é importante?

– Talvez não seja mesmo. Você quem sabe.

– Você me parece perigoso. Tem um ar assim, como vou dizer... Misterioso e triste.

– Triste?! Essa nunca tinha ouvido.

– Ainda não sei se lhe devo passar muitas informações a meu respeito – concluiu.

Dessa vez, não ri. Ela sentou no meu colo, me beijou violentamente. Disse que minha boca tinha um formato e uma cor que a deixava com vontade de morder. Toquei-a de novo. Estava úmida. A impressão é que poderia enfiar toda minha mão lá. Ela tinha um espaço considerável. Fiquei alguns segundos tocando-a, repetindo o tradicional movimento com os dedos. Ela, ainda sentada em meu colo, de olhos fechados, emitia gemidinhos, pequenos silvos e respirações ofegantes. Demonstrava aprovar minha atitude. Aos poucos, abriu os olhos, como se acordasse.

– Eu era namorada do baterista, sabia?

– Hum... E ele era um cara legal?

– Era mais que namorada, era noiva. No começo, sim, ele era legal. Depois, quando não estava ensaiando ou viajando, ficava aqui sempre chapado ou bêbado. E eu muito só. Engordei um bocado. Cheguei a ter cento e cinquenta quilos.

– É um peso impressionante. E como você emagreceu?

– Fiz uma cirurgia de redução de estômago. Tive um medo danado, mas meu caso não tinha solução. Ainda quero emagrecer mais.

Para tentar retomar o clima que ela apagou, falei que seu corpo estava bonito daquele jeito, que não devia se preocupar com bobagens. Vesti um sorriso, o melhor que tinha para aquele horário – já era tarde da noite – e tentei prosseguir. Toquei seus seios, apertei levemente seus bicos eriçados. Comecei a, enfim, tirar sua roupa.

– Nós morávamos aqui – ela disse, querendo completar algo que não havia dito ou, o que era ainda pior, responder o que não havia sido perguntado.

Mirei bem o meio de sua cara deslavada, de uma forma dura. Como que estivesse prestes a repreendê-la. Não sabia o que comentar, nem queria. Aonde ela estava disposta a chegar? Abandonei as elucubrações e apontei para o copo vazio. Pedi – quase ordenei, na realidade – que me trouxesse mais bebida. Ela saiu de cima de mim e foi em direção à cozinha outra vez. Quando retornou, eu estava pronto.

– O que é isso?! Você é maluco, por acaso?!

No show, era compreensível a surpresa pelo meu ato. Agora, não. Ela sabia muito bem o que era aquilo. Sabia também que eu não estava ali para aplacar seu desespero, nem ser um suporte para sua solidão. Definitivamente, eu não queria preencher a falta de qualquer coisa que fosse. Eu estava ali para transar, porque eu também tinha minhas frustrações, meus abandonos e minhas dores. Eu queria alguém para dividir comigo um momento de esquecimento total. Eu tinha um pau duro e uma vontade de me perder naquela madrugada triste. Ela, ao que dava a entender – de uma forma sutil e bizarra –, só queria companhia, tudo que eu não saberia ser naquela hora.

Prossegui com o pau para fora. Ela pediu que eu fosse com calma, que me vestisse – sendo que eu só tinha aberto o zíper. Tentou fazer uma troça, dizendo para guardar o "moço". Segundo ela, tudo aconteceria em seu tempo. Sua maneira de falar foi um tanto didática, como se me repreendesse. Não tinha mais paciência e acabei perdendo a compostura. Retruquei, mas fisicamente, com investidas, agarrões, chupões. Em uma falsa luta corporal, cheguei ao seu quarto – que eu nem sabia se era, de fato, seu. Consegui deixá-la desimpedida e sem forças para resistir. Só me esqueci de tampar sua matraca.

– Você vai dormir aqui?

Tentei fingir que não ouvi seu questionamento abrupto, continuei tentando as primeiras penetrações. Até que ela fechou as pernas e empurrou meu peito com as solas dos pés. Se impôs, mostrando que não estava mais para brincadeira.

– Você vai dormir aqui ou não?

Sem rodeios, respondi que não. Tentei encerrar a conversa inadequada com um beijo. O próximo passo, que já nem sabia se valeria a pena, seria convencê-la a abrir as pernas, chupando-a. Porém, ela seguia irredutível, aguardando uma outra resposta, que me neguei a dar.

– Então, sem chance. Se você não vai dormir aqui... Me desculpe – sentenciou e girou para fora da cama, demonstrando a intenção de se vestir.

– Eu não posso dormir aqui. Tenho que estar do outro lado da cidade amanhã de manhã, vou assinar umas papeladas para um apartamento que estou alugando – minha justificativa era verdadeira, mas foi um argumento desnecessário, afinal não lhe devia nenhuma satisfação.

– Por favor, vá embora – ela falou.

Eu não sabia seu nome. Se soubesse, diria assim, de forma teatral, "Fulana, o que está passando aí, nessa sua cabecinha oca? Por que você não quer simplesmente transar e ser feliz por um instante, hein, minha pequena? A vida pode ser curta demais. Você, por acaso, não leu isso por aí, nos livros de autoajuda? Aposto que você é do tipo que lê essas merdas motivacionais com frequência".

Porém, acabei me arrependendo de tudo, de estar ali, de tentar, de ter que me explicar... Talvez, ela tivesse me dado sinais de que era isso que desejava. Talvez, eu tivesse lhe prometido algo sem saber. O fato é que eu não entendia mais o que estava fazendo. Se não era só sexo, o que era? Não queria machucar ninguém. Abruptamente, uma onda de pena e compaixão foi me tomando. O melhor era cair fora. Tomei o restante do copo num gole só. Tinha sede. E ela, obviamente, não foi saciada.

Aguardava o elevador, pensando onde encontraria um táxi àquela hora, como faria para acordar cedo e resolver logo o aluguel – já começava a planejar, inclusive, como seria minha vida dali por diante – quando a porta do apartamento da minha amante esquisita, sem nome, gordinha e com o rosto encantador, se abriu. Pela primeira vez, eu a vi completamente nua.

– Você tem certeza que não quer dormir aqui? – me perguntou de uma maneira caricata, apertando os olhos e lambendo os lábios, tentando ser sensual.

Acho que não consegui disfarçar. Não consegui disfarçar que achei a atitude tola, abestalhada. Também não consegui desviar a atenção da sua barriga. A redução de estômago deixou sua pele com um aspecto horrível, não eram estrias, celulite ou algo comum. A imagem me lembrou um pequeno morro de argamassa exposto à chuva, escorrendo pela rua. Imagino que ela percebeu que não fiquei satisfeito com sua proposta e sua postura. Sequer respondi. Entrei no elevador e não ouvi sua porta fechar. É possível que ela tenha desabado, se suicidado, disparado nua em direção ao vizinho ou, simplesmente, ficado estática, consumida por uma depressão absurda. Desconfio que, dali em diante, a noite seria péssima para aquela mulher triste.

Quando fui puta

Eu tinha passado dos quarenta. Estava fora do peso. Peitos caídos. Não usava biquíni há tempos – agora, era maiô na praia e na piscina. Me achava velha. Eu acreditava que uma mulher da minha idade deveria responder à etiqueta. Vestir roupas sóbrias e manter uma certa postura. Confesso que tinha a convicção que o sexo era uma picardia juvenil. Mas ainda tinha a bunda grande. Com estrias brancas – como um eletrocardiograma – transcorrendo das nádegas às coxas. Com um número considerável de celulite. Ele estava pouco se lixando para isso. Ele era tarado por minha bunda. Trabalhava comigo e me olhava de um jeito... Eu sentia um calorzinho por dentro. Ceder seria uma insanidade. Ceder seria infantil até. Mas por que não? Porque eu era casada? Porque eu tinha filha pequena?

Quando me vinham esses pensamentos, lembrava de imediato de meu pai. Sempre grosseiro. Sempre estúpido. Sempre com uma resposta para tudo que existe no mundo. Sempre com "a" razão. O dono da verdade falava assim.

– Tem um monte de mulher puta no mundo. O curioso é que nenhuma delas é mãe de ninguém.

E concluía dizendo que a gente se achava superior aos homens. Segundo ele, tudo não passava de discurso vazio e moralista.

– Ninguém presta... – finalizava.

E não discutia ou emitia qualquer outra opinião. A família ficava boquiaberta. Nesses encontros com tios, primas, avós – geralmente, aniversário de alguém –, ele sempre encontrava uma maneira de falar asneira e deixar o clima tenso. Ele não estava nem aí pra ninguém. Egoísta. E pais não podem ser egoístas. O fato é que cresci com essa merda na cabeça. Pensando que mulher, para "prestar", tinha que conter seus instintos. Responder a etiquetas. Segurar a onda e não dar para qualquer um. Quando desse, era só para esse um. Já os homens, não. Os homens blá, blá, blá, blá... As feministas tinham razão em sua ladainha. Mas elas sempre me passaram a impressão que queriam "prestar". Eram muito certinhas. Eu ficava mais atraída com a imagem das mulheres que faziam filmes pornôs. Nas vezes que assistia – sempre sozinha –, tinha a impressão que elas eram livres. E pareciam tão felizes... Não havia opressores e oprimidos no sexo que elas faziam.

A questão é que o desgraçado do velho já tinha morrido de tanto beber. Não fazia sentido ainda pensar nele quando recebia um olhar daqueles. Foda-se!

Em um intervalo para o almoço, fomos para um motel. Conduzi a coisa toda. Deixei que admirasse minha bunda. Deixei que fosse sem camisinha. Deixei que gozasse nela. Depois, deixei que ele desferisse tapas com força. Deixei que acariciasse os vergões. Rebolei sem jeito – como se soubesse rebolar –, só para ele assistir minha bunda balançando. Até que ele não resistiu e a beijou. Enfiou seus dedos compridos. A cara toda. O pau. De novo.

No outro dia, fui trabalhar de vestido. Recebi o mesmo olhar quando nos cruzamos. Não conseguimos um instante a sós. Depois de mijar, tive vontade de me tocar. Lavei o rosto e desisti da ideia. Senti uma pequena angústia. Só parei de pensar nele quando peguei minha filha no colo, na creche, e a levei até o carro. À noite, usei meu marido para transar com aquele olhar. Quando ele acabou, fui ao chuveiro e segui com aqueles olhos me consumindo. A água batia em todo o meu corpo, mas eu não me refrescava, nem sentia vontade de me limpar.

Propus que ele viesse até minha sala, após o expediente. Trepamos sobre a mesa. Luzes apagadas. Porta trancada. Estava louca que alguém da vigilância batesse. Ninguém bateu. Acabou passando do horário de buscar minha filha na creche. Pedi a meu marido que fosse. Ele queria saber o motivo. Inventei qualquer bobagem.

Seguimos. Em um mês, eu já tinha feito boquete enquanto ele dirigia, enfiado vibradores de vários formatos e cores, transado no banheiro masculino da firma, batido uma punheta para ele no cinema enquanto assistíamos *O lobo atrás da porta*, deixado me fotografar por debaixo da mesa de um restaurante sem calcinha. O ponto alto foi quando fodemos na sala de estar, de madrugada, enquanto meu marido dormia. Fiquei de quatro, corpo escondido pela parede, cabeça voltada para o quarto. Monitorava a porta entreaberta ao final do corredor. Não fizemos nenhum ruído. Até que ele me deu um beijo brusco na boca, um tapinha na bunda – indicando que havia acabado e eu podia me arrumar – e saiu. Fui para a janela e vi seu carro sumir na noite. Seu gozo escorria por minhas coxas. Um pingo desceu mais depressa e alcançou meu tornozelo direito...

O melhor horário era logo depois do expediente. O dia nos excitava mais, porque era inóspito, porque sempre tinha a possibilidade de infringir algo. E, assim, criar algo novo. Fomos flagrados em uma garagem particular, no Centro Histórico. O funcionário – um jovem com espinhas no rosto e boné quase tapando os olhos – desconfiou. Viu que o carro estava um pouco à frente que os demais. O motivo: estávamos atrás do porta-malas. Eu deitada no concreto. Ele sobre mim, com aqueles olhos... O rapaz não soube o que fazer. Não interferiu, nem comentou nada. Ao vê-lo parado ali, eu apenas disse que estávamos acabando. Ele então falou.

– Tudo bem... Tudo bem...

E fez de conta que saiu. Mas foi um golpe falso, pois percebi que nos espiava atrás de outro carro. Imaginei que estava se masturbando, me vendo ali.

Por tudo isso, desisti definitivamente de buscar minha filha na creche. Meu marido protestou. Como a situação ficou insustentável, aproveitei e desisti do meu marido também. Agora era livre, tinha o final de tarde e início de noite para esquecer e aceitar o tempo. Aproveitei e aceitei outras mulheres, travestis, outros homens – enfim, a tal dupla penetração, que não achei nada demais; só sentia o pau dele. Aceitei o que lhe excitava. Fui a um haras. Deixei que me admirassem junto aos cavalos. Queriam me fotografar, gravar minha falta de pudor. Depois, sem câmeras, me encostei em uma cerca, empinei minha bunda grande e vi uma fila de homens se formar. Somente trabalhadores do local. Muitas mãos me tocando. Fui a primeira de um menino de 16 anos, filho do caseiro. Ele não sabia fazer os movimentos. Não tinha sincronia do resto do corpo com sua cintura. Eu tive de guiá-lo. Foi tão rápido que ele nem teve tempo de sair de mim.

A cada um que me comia, percebia aquele olhar. Eu sentia que aquele olhar ainda me admirava...

Não sei quando aqueles olhos – duas bolas pretas e profundas – fugiram de mim. Só sei que não pude aceitar. Aquele olhar era tudo que eu tinha. Aquela veneração por minha bunda... Quando perguntei o motivo, ele afirmou que não sabia. Após minhas investidas tresloucadas, sumiu por seis meses. Quando lhe achei, implorei com mais força. Ele disse que não havia possibilidade. Que eu estava sendo ridícula. Que as coisas mudam. Que as pessoas desistem. Que nada dura para sempre. Que o tempo fode com tudo. Mas com uma facada no seu bucho, consegui convencê-lo a ficar.

Aconteceu na Prússia

O personagem acorda às 6h20 de uma manhã tenebrosa de inverno. De fato, são 6h20, e ele está no palco de um teatro. Faz sete graus – a sensação térmica é de menos. Não há calefação. A plateia, que velava seu sono, está disposta em seus assentos. Com o despertar, o cenário começa a tomar forma. O iluminador inicia seu trabalho. O palco, agora se percebe bem, em razão da luz, é a casa do personagem, que já levantou da cama. Foi à cozinha e está esquentando a água para o café. Buscou o coador e as xícaras. Enquanto ele aguarda, a luz perde intensidade. Logo mais, uma nova surge, com vigor, viva, trazendo logotipos de instituições governamentais. As imagens são reproduzidas e sobrepõem os objetos. Depois de instantes, as peças publicitárias somem.

O personagem não se limita – tampouco se limitará – a somente atuar baseado em um roteiro. Ele, a cada dia que a peça é encenada, terá de montar e criar um texto original. E toda a sua arte nada mais será, no final das contas, que sua vida. Para a plateia, trata-se de uma bela alegoria. Para o autor-personagem (termo criado e inspirado a partir de "O autor e a personagem", de Mikhail Bakhtin), uma armadilha inescapável, um labirinto conceitual de confusa rotina.

Passaram despercebidos do público – ou, talvez, fosse algo habitual, que não chamasse atenção, pois também ocorre nas películas reproduzidas no cinema – os anúncios governamentais. Para o autor-personagem, não. O fato de sua vida ser encenada com incentivos fiscais e apoio do governo, deixa-o constrangido. Por que ele necessita da mão do Estado? É uma ótima questão. Entretanto, tem que tocar adiante sua peça – sua vida. Hoje, o único título que lhe veio em mente, como uma epifania, foi *Aconteceu na Prússia*. O porquê ele não sabe. Achou bonito, soava bem, e, portanto, a peça terá esse título. Sua primeira fala foi informar isso ao público.

– O nome da peça é *Aconteceu na Prússia*.

Ele retorna à água quente e passa, enfim, o café. Despeja em uma xícara e o adoça. Aprova o que acabou de fazer. Serve uma xícara para um homem na plateia.

– Você quer açúcar?

O homem, que não está iluminado pelos canhões de luz do teatro, responde que sim.

– Duas colheres, por favor.

O personagem atende ao pedido do homem. Segue na direção das poltronas para levar a xícara até seu espectador. Ele não sabe que rumo sua história vai tomar a partir dessa ação. Porém, não há a ideia de improviso em seus movimentos. Não há noção de encenação, de teatral. Tudo é orgânico. Ele entrega a xícara. Os dois, agora, estão iluminados. Frente a frente.

– Você sabe que não sou um ator de verdade, não é mesmo?

O homem assopra o café. Bebe um gole.

– Mas você está em um teatro... E no palco!

O personagem se afasta. A luz não acompanha suas ações. A luz se mantém no espectador. Quando ela retorna ao palco, o cenário está vazio. De algum lugar, do escuro, o personagem-autor fala.

– Vocês têm que me ajudar a construir essa história. Eu não sou ator. Não conheço os métodos.

Ele ressurge, vindo da plateia, ganha visibilidade. O frio persiste. O autor-personagem decide fazer umas pantomimas, ou o que julga ser. Quer se aquecer, quer preencher o silêncio e o tédio. Tenta imitar Chaplin. Cheio de tiques e movimentos exagerados, como em *Tempos Modernos*. Já que não conhece a técnica, melhor imitar alguém consagrado, pensou.

– É assim, gente? É assim que se faz teatro?

Não há reações. O público parece confuso. Não sabe se interage ou se aguarda a próxima fala ou movimento. O público é frio e a verdade é que ele não sabe o que esperar da plateia. Ele se deita lentamente. Cobre-se e tenta dormir. Por saber que há pessoas lhe observando não consegue. Não consegue nem falsear um sono. Alguém corta o silêncio.

– Nós somos a razão da história!

A frase ecoa. As luzes, endoidecidas, buscam o dono da voz. Ninguém se acusa.

– Quem disse isso?! – retruca o autor-personagem, saltando da cama.

O iluminador cessa os movimentos. O autor-personagem transita pelo palco com agilidade, mas a luz segue estática. Teria sido o iluminador que falou? Não poderia ser. Talvez tenha sido um pensamento. Como retomar a partir daqui, refletiu. Tiraria alguém para dançar? Ficaria nu? Sabia de pessoas que iam ao teatro só para ver os atores nus. Os espetáculos de dança, principalmente, estavam utilizando muita nudez. A justificativa era que dava um tesão danado todas aquelas coreografias. A dança em si, o tempo, a sincronia dos passos e corpos não interessava muito. Por isso, muitos diretores utilizavam essa fácil artimanha de atrair público. Há um tempo, teve uma peça de muito êxito onde os atores eram testados e convidados pelo próprio diretor para transar no palco. Os testes e as cenas de sexo explícito eram a base do roteiro. As primeiras filas eram concorridas. Se havia uma crítica ali – sobre os limites da arte, sobre a relevância do sexo, sobre o tempo de pudor que vivemos, sobre o inesperado retorno dos dogmas da igreja –, ninguém prestou atenção. De qualquer forma, o autor-personagem tinha de voltar à história – pífia até o momento. E foi essa obrigatoriedade que lhe trouxe uma luz: os incentivos do governo. Tinha que concluir a peça. Era um contrato. Esse pensamento não tinha como ficar claro ao público, nem se materializar do nada, pois era uma elucubração sua, então solicitou que os logotipos fossem, de novo, exibidos a todos.

– Eu quero que sejam mostradas aquelas propagandas e marcas do governo outra vez!

O iluminador atendeu sua demanda.

– Isso aqui é minha vida. Eu não sou ator de verdade. Não consigo montar uma peça. Mas vocês estão aqui. E o governo financia essa baboseira toda. Por que esse intermédio? É deprimente.

Seguiu. Suas frases soaram como se fosse um monólogo – o que, de fato, era. Olhos esbugalhados. Babas saltando da boca. Falas um tanto desconexas. Entretanto, o ambiente, a casa do autor-personagem, transformou as palavras, deu um sentido a tudo aquilo. Parecia ser o começo de uma história.

Um homem acorda em uma manhã rigorosa de inverno. Prepara o café e dialoga sobre seus medos com a plateia. Essa seria a sinopse breve. Um pequeno texto de apoio para a divulgação. Uma história difícil para a maioria do público, ou ruim mesmo, dependendo do ponto de vista. Um texto para poucos, raros interessados. Uma peça só encenada graças ao financiamento do governo. Quem sabe não conquistaria a crítica especializada? Capa em caderno cultural, entrevista para programas importantes em canais de televisão paga, e sem audiência significativa.

O texto do autor-personagem – e sua postura no palco – demonstram um grande constrangimento, gerando uma dúvida sobre para quem, de fato, é destinada a sua arte. Ele é realmente um artista? Seu produto existiria sem esse financiamento? As questões lhe oprimem. Ele sofre por todo o palco. Inclusive, fisicamente. Balbucia. Agarra os cabelos com força. Faz movimentos próximos a uma dança exótica. Até que o cansaço incha seus músculos e ele cessa. O devaneio segue e agora traz a perspectiva de que ele serve, no fim de tudo, como propagandista desse tal governo e sua expressão nada mais é que uma engrenagem dessa máquina, um operário de *Tempos Modernos*, não o principal, interpretado por Chaplin, mas qualquer coadjuvante sem brilho, que apenas mantém o *status quo*.

– E a arte, definitivamente, não é isso... – ele afirma.

Em uma visão mais ampla, e ainda mais realista – ou pessimista –, ele seria coautor das ações governamentais. Um fantoche a serviço do Estado. E como artista isso é bom ou não é? Não seria melhor ter apenas o público como fiador de sua causa? A plateia está apreensiva. Pressentem, pelo semblante do autor-personagem, que a encenação está chegando ao fim. Ele afirmou que não era um ator, todos recordam dessa observação. Então, suas angústias parecem reais. E, se são reais, o desfecho, o último ato, poderá ser surpreendente. Nesse momento, o "artista" sai de cena.

Suavemente, o palco perde a luz. Até que o cenário fica totalmente escuro. Quando retornam as luzes, de súbito, há somente uma arma carregada no centro do palco. Na coxia, ele reflete se o suicídio seria um final muito clichê ou não.

Uma tarde de chuva na praia

A primeira vez que fui tocada tinha doze anos. Meu vizinho da praia, treze, fez uma brincadeira comigo e minha irmã, dez. Chovia. Uma garoa fina. O dia estava ruim para aproveitar o mar ou a areia. Ficamos em casa. Jogávamos um jogo de tabuleiro. Minha mãe tinha saído para comprar algo ou visitar alguém. "Se comportem que volto mais tarde", ela disse antes de bater a porta.

A sós, ele propôs algo diferente. Perguntou se já tínhamos visto um pinto. Eu sabia que ele não se referia ao filho da galinha, mas minha irmã achou que fosse. Rimos muito disso. Com o esclarecimento dele, eu e minha irmã dissemos que só tínhamos visto o do meu pai. "Do pai não vale", ele respondeu. "E de mulher, vocês viram?". "Mulher não tem", eu falei. Rimos mais. "Vocês entenderam o que quis dizer...", ele replicou. Sabíamos que da mãe não valeria. "Eu vi no vestiário do clube", contou minha irmã.

Ele jogou os dados e andou umas casas no tabuleiro. Fez um muxoxo. "Esse jogo tá chato, vamos brincar de outra coisa?", propôs. "De pega-pega não dá porque tá chovendo", falou minha irmã, sempre faladeira. Concordamos. Ele sugeriu que poderíamos fazer algo enquanto minha mãe não estava em casa. O jogo seria cada um se mostrar para o outro. O nome era *mostra o teu, que eu mostro o meu*. Rimos outra vez. "Vocês não têm curiosidade de ver? Aposto que tem pelinhos aí", acrescentou. Risos e mais risos. Ele burilava os dados, olhos no tabuleiro, tímido. Minha irmã me olhava. Esperava uma atitude. "Mas quem começaria?", perguntei.

Decidimos que a ordem de exibição seria definida no discordar e, os dois que restassem, par ou ímpar. O resultado foi minha irmã, ele e eu. Antes de começar, ele reforçou o alerta de que aquilo deveria ficar somente entre nós. Segredo total. Sem, jamais, falar sobre o assunto com adultos. Assentimos. Minha irmã, a primeira no jogo, não sabia como agir. Nunca tinha tirado a roupa assim. Em razão disso, ela não tomava atitude alguma. Nós ressaltávamos que ela tinha prometido participar.

Nada. E o tempo passava... Para acabar com a inércia, ele foi até ela e começou a fazer cócegas. Minha irmã se contorceu, aos risos e gritinhos. Eu disse para ela ir logo, queríamos ver. "Tá bom... Tá bom... Eu mostro". Ela empurrou seu short e sua calcinha de algodão, com desenhos de ursas fofas em vestidos rosa. É curioso, hoje, pensar que a primeira buceta que vi na vida foi de minha irmã. Lembro bem. Era rosa. Quase vermelha. Ela era magra e mais alta que eu. Desengonçada. Estava com as pernas abertas, sentada no sofá, como se tivesse em um consultório de ginecologista. Eu e ele, ajoelhados, olhávamos de perto. Tentando entender aquilo. Ela nos espiava, de rabo de olho, vendo nossas reações.

Sem aviso, ele passou seu dedo indicador em volta e tentou, na sequência, colocá-lo dentro. Nesse momento, minha irmã se debateu com suas pernas compridas. Quase nos chutando para longe. "Para, para! Faz cosquinhas. Muitas cosquinhas". Ele parou e em seu dedo havia uma gosma transparente. Eu saltei para trás quando ele me mostrou. "Parece uma lesma", afirmou. "E, por acaso, você já pegou uma lesma na mão para saber?", perguntei. Ele afirmou que sim, diversas vezes. "Elas são lentas. Fáceis de pegar". Minha irmã se vestiu rapidamente. "Agora é a tua vez. Pode mostrar isso aí", ordenou, apontando para baixo da cintura dele.

Não foi preciso cerimônia, nem cócegas ou qualquer estripulia para se mostrar. Ele baixou logo o calção e as cuecas ao mesmo tempo. Estava duro. Ralos pelos negros. Ficamos, eu e minha mana, sem saber como agir. Não tivemos a curiosidade de mexer. Tínhamos um receio, por isso, olhávamos a uma distância segura. "Às vezes, eu bato nele assim e sai porra. Vocês podem fazer um pouco se quiserem", ele falou, demonstrando.

Minha irmã se antecipou e fez um pouco. Para cima e para baixo. "Que engraçado! É igual uma salsicha de cachorro quente". Seu comentário ficou em um vazio. Eu não tinha opinião sobre. "Sai! É minha vez", falei e o peguei. Segurei firme e movimentei, lentamente. Parecia mesmo uma salsicha. Um líquido viscoso saiu do topo. Quando estava embaixo, toquei de leve em seu saco. Não sei se fiz certo. Sua reação era incerta para mim. Ele apenas me olhava fixo. E eu sorria sem jeito.

De repente, um pingo começou a escorrer do topo e alcançava minha mão direita. Soltei-o. "Blergh, que nojo!", reagiu minha irmã, que acompanhava tudo. "Você também é nojenta se é por isso! Não viu a gosma que saiu no meu dedo?", ele retrucou, bravo, enquanto vestia-se. Eu comecei a tremer, porque sabia que após o término daquela discussão seria a minha vez naquele jogo esquisito, que não tinha vencedores, nem perdedores. Eu já tinha sentido umas coceiras e sensações estranhas, principalmente, à noite, assistindo filmes. Porém, agora, vinha-me um acúmulo de todas as tensões vividas.

Não prestei atenção em como acabou a discussão deles. Só vi minha irmã com o dedo em riste – uma mania que ela leva consigo até hoje. "É a tua vez, agora. Estamos te esperando. Não pode desistir!". Comecei a rir de nervosa. Pedi calma. Os dois caíram sobre mim, fazendo cócegas nos pés, barriga, axilas. Ele não falava nada. Minha irmã, além de tagarelar palavras de ordem, tentava me pelar a todo custo. Consegui me desvencilhar. Implorei que parassem. Não aguentava mais rir. Eles cessaram. Ficaram dispostos lado a lado. Esperando. Resolvi olhar para o teto e tomar coragem. Despi-me da cintura para baixo e abri as pernas. Tremia muito. "Ela tem mais pelos que você", ele relatou. "Que feio que é. Tem dobras...", minha irmã sentenciou ao ver. Curioso, ele passou os dedos nas bordas – exatamente como fez antes – e a abriu um pouco. Após isso, enfiou o dedo com calma. Não fiz como minha irmã. Não dei risada. Não me contorci ou saltei. Fechei um pouco as pernas, em reflexo, mas logo abri. Queria que ele seguisse. Talvez, mais rápido. Ou mais devagar? Não sei. Quando ele retirou o dedo e o colocou outra vez, senti um novo calor me percorrer. Era exatamente como queria que ele seguisse. Fechei os olhos. Seu dedo fora muito para dentro. Fiz uma careta. Ele voltou um pouco, mas seguiu em mim.

"O que tu tá fazendo?!", perguntou minha irmã a ele. "Nada...", respondeu, como se fosse flagrado furtando algo. "Já deu pra olhar bem. Mostra o dedo! Deixa ver se ela tem gosma também". Então, ele cancelou seus movimentos e eu pude voltar a respirar normalmente. Não mais aos solavancos. Meus pequenos seios palpitavam. Tive desejo de mostrá-los – ele poderia tocá-los também se quisesse –, mas não havíamos combinado nada sobre isso.

Vesti-me. Entretanto, ainda não havia me recomposto. Ela inspecionava o dedo dele. Estavam, os dois, em conferência. Olhavam o indicador como que se admirassem um tubo de ensaio. "É nojento! Parece baba de cachorro. Daqueles buldogues, sabe?", falou minha irmã. "E o seu parecia de uma lesma!", ele brincou. "Mentira! Era igualzinho ao dela", retrucou e colocou seu dedo em riste outra vez. "Mostra de novo, então, sua chata!", acordei do transe e me intrometi. "Não vou mostrar coisa nenhuma! O combinado era só uma vez. Mas era igual, sim!", ela respondeu desbocada. "Você pulou com medo. Nem viu como era, sua mentirosa!", bradei e tive vontade de avançar e esganá-la. Como tive diversas vezes depois. Entretanto, segurei-me, como sempre fiz.

Os ânimos ainda estavam exaltados quando a porta se abriu. Mamãe retornara com sacolas do mercado. "Pessoal, trouxe café da tarde! Larguem esse jogo e venham para a mesa". Acatamos a ordem. Estávamos famintos.

Geografia

– Eu os invejo – disse, em meio a vozes. – Vocês que parecem e se mostram felizes. Vocês precisam entender que a felicidade é algo absurdo. É algo comovente e único. Um momento de felicidade vale uma vida inteira. Buscá-la é o sentido de tudo que nos cerca. Não é a morte. Não é a vida. O inexplicável, incompreensível, o mistério que encanta, encerra ou escancara as janelas da alma, é a felicidade. Eu afirmo para todos que têm ouvidos para escutar: vocês se enganam, com esses sorrisos, esses trejeitos premeditados e essas falsas lutas corporais. Admirar uma paisagem natural ou manipulada, um animal, ou até mesmo um bebê, não deve resultar em felicidade instantânea. No máximo, alegria, ou qualquer outro momento fugaz, um sentimentalismo menor. Não há como encontrar a felicidade, planejá-la ou construí-la de forma pensada. Tudo que nos rodeia não é, de forma alguma, felicidade. Felicidade não é um sentimento que reflete uma natureza. Não é algo banal, fútil, frívolo, que foi criado com o Universo, mesmo o Universo sendo repleto de uma alta complexidade...

Nesse instante, levou a mão esquerda até a nuca, declinou a cabeça. Ainda ouvia diálogos marginais, por isso aumentou a gravidade da sua voz. – O homem é mais complexo e confuso. O homem é o Universo, a História e a Felicidade. O ser humano, como todo sentimento do mundo, é uma música, um livro, um quadro, uma guerra... – parecia cansado, agora. – Como eu disse antes: eu os invejo. Da aceitação das palavras, qualquer palavra, à falsa postura de gente. Tudo que os rodeia não os humaniza. A natureza acaba os tornando animais, e, sim, vocês, antes de tudo, são animais. Por motivo de força maior, são animais, porém sentimentais e apegados à felicidade. É isso que vocês esquecem ou fingem esquecer. Por qual motivo? Em nome de quem? Nada vale esse teatro rotineiro de vocês. Essa farsa, de que se é feliz, de que se é possível alcançar a felicidade, como uma fruta em uma árvore... Essa ideia, em algum momento, deixará marcas tão profundas, que dará aflição só de tocá-las ou recordá-las. A felicidade nos diferencia e nos une, nos desvia da racionalidade do Destino, que acaba sendo, inevitavelmente, nascer, crescer, morrer, degenerar e virar terra. A felicidade é o sonho e o medo. A felicidade é o pai e a mãe. A felicidade é o primeiro choro e a primeira falta. A felicidade é uma invenção do homem. O sangue artificial do coração é a felicidade. A loucura que nos torna únicos é a felicidade... – esbaforiu-se. – Vocês têm que parar! – berrou, assustando e surpreendendo a todos. – Não alimentem esse erro, por favor! – calou-se, respirou. – Não deem pipoca aos macacos, por favor. A felicidade não é isso. A felicidade não é esse show de calouros, essas piadas ensaiadas, esses comerciais de televisão. O palhaço é um homem e não consegue ser alegre o tempo inteiro, por mais que essa seja sua sina.

Deu as costas a todos, as vozes seguiam, representando um coral caótico, com uma frequência modulada, de contraltos e quase silêncios. – Vocês percebem? – perguntou, olhando para todos, mas, ao mesmo tempo, não admirando ninguém. – Vocês, realmente, percebem? Sabem do que estou falando? – esperou que surgisse uma réstia de mudez, que quase nasceu; entretanto, desistiu, entregou-se aos burburinhos incessantes. – Ah, mas ninguém é feliz, de fato. A felicidade é uma utopia. A felicidade é um fenômeno e, como tal, não tem hora marcada. Pode-se sentir a felicidade em uma rara manhã de domingo, quando o sono não veio. Pode-se sentir a felicidade na morte, que, para muitos, é antônimo da própria felicidade. A vida, o nascimento, e a morte, o fim, nada tem a ver com a felicidade. A felicidade está entre elas, serpenteando, trazendo sentido ao caminho do homem. São desses sentidos que falo, desses que vêm junto da felicidade: o amor, a dor, o ódio, a pena, a compaixão, a desistência... Nós somos isso, somos a imagem e a semelhança de que retrata a felicidade. Somos uma carne argilosa, incrustada de ossos e fiações, buscando algo que nos faça ignorar os sentidos que criamos. Temos uma razão irracional que nos distancia da frieza dos bichos, que usam a natureza e a compõem, até que a morte os separa de tudo.

Antes de prosseguir, deu leves murros na parede. – Vocês entendem? Isso tudo existe. Porém, isso tudo que vemos não nos interessa. É preciso abstração, forças invisíveis, para nos mover. Nos retirar da inércia, embebedar nosso coração louco e selvagem. Ah, é disso que estou falando! Da razão da loucura, dos motivos do louco, que o fazem andar nu, queimar dinheiro, comer a fruta proibida, trair o melhor amigo por umas moedas. Não, eu não estou falando do que é certo ou errado. Não é isso! Estou falando da tentação, da força que nos remete para o inevitável, para a perdição. É o que causa arrependimento, danos irreparáveis, perdas involuntárias... Tudo o que o tempo não trará de volta, porque nós somos os criadores do tempo. Os dias são ilusões rotineiras da natureza. Nós somos o nascer e o morrer do Sol. Nós somos a saudade absurda, a memória infinda do que não volta. Aí está a felicidade, em um pequeno espaço de nosso vasto Universo de dias contados em folhas de calendário.

Retirou um lenço do paletó, secou o rosto suado. – Nossos dias são repletos de personagens, nós vivemos nosso mundo, caçamos nossa felicidade. Os outros são figurantes que circundam nossos passos. Entretanto, nos outros é que reside a felicidade. Aquela felicidade clandestina ou casual depende de alguém, de alguma figura que existe, de uma alma dispersa e promíscua. Quando falo existe, falo também dos mortos, porque todos ficamos, todos teimamos com nosso próprio tempo, teimamos, porque a felicidade é nosso fardo. Essa energia que temos e não sabemos de onde vem e por que subitamente aparece é a felicidade nos assombrando, é o nosso sublime entusiasmo, que faz as coisas que nos cercam terem ou não sentido.

Parecia que precisava de ar, aproximou-se da janela, não havia pássaros lá fora. – Como dói não ser feliz! Dói porque, em algum lapso temporal, algum acaso consentido, sentiu-se o que é a felicidade, quão valiosa e rara ela é. Todos os gestos, ações, reações e abnegações serão, para sempre, destinados à felicidade, que jamais será plena, prolongada, constante. Por mais que a gente queira, a felicidade...

No encerramento de sua tese absurda, um aluno o interrompeu.

– Mas, professor, o que isso tem a ver com Geografia?

Ele olhou o menino, bem fundo em seus olhos. Devia ter uns doze anos. Segurava um lápis apontado entre os dedos.

O caderno, deitado na carteira, estava em branco. Desviou e mirou o restante da turma, muitos de costas, jogando conversa fora com os colegas. Uma menina lixava as unhas e assoviava uma canção popular. Sentou-se.

– Por hoje, acho que é isso. Podem ir para o recreio...

Ruiva

Eles estavam no cinema há mais de uma hora. Não tinham intimidade ainda. Nada além de beijos e trocas de carícias nas mãos e nos cabelos. Viviam se alisando, como se um fosse o animal de estimação do outro. Nunca havia perguntado a ela se gostava daquilo, daquela ternura toda, mas como ela não se manifestava contra e, às vezes, até sorria, ele mantinha e repetia aqueles chamegos. Ela devia pensar a mesma coisa. Na sessão, estavam, outra vez, de mãos dadas. O filme era um suspense. Não havia prestado atenção no título, mas a sinopse dizia que era a história de um casal que se refugiava em uma pacata cidadela interiorana, que fazia parte da infância da mocinha do enredo, uma típica loirinha de Hollywood, corpinho mignon. Lá, o mocinho, forte e belo como todo protagonista, encontrou o inferno na Terra. Os nativos, caipiras bêbados que viviam de trabalhos braçais, tinham como lazer pregar peças aterrorizantes no homem recém-chegado. O objetivo não era só amedrontá-lo, mas também afugentá-lo. As brincadeiras começam a perder a graça e os limites ficam intoleráveis quando os caipiras estupram a doce mulher.

Aquele tipo de filme não prendia a atenção dele. Mesmo com as cenas de violência e tensão explodindo na tela em alto volume, ele só tinha olhos para sua ruiva. Seus pensamentos vagavam. Quase todos relacionados ao sexo. Em sonhos, deslizava pelo corpo dela. Aos poucos, ia descobrindo que seus seios eram todos repletos de sardas. Os bicos, agudos e rosados, apontavam para frente. Imaginava que ela deveria ser assim. Já tinha visto umas ruivas em revistas adultas. Porém, ele não tinha certeza. Quantas ruivas, antes dela, havia visto na vida? Poucas, muito poucas.

O fato dela ser ruiva, encantava-o. Tornava-a uma pessoa, até certo ponto, rara. Essa era uma das razões para estar ao seu lado, a exclusividade. Era um jovem feliz.

Então, encostou a boca no ouvido dela. Teve receio em parecer inconveniente, pois ela estava atenta ao que acontecia na tela, mas não aguentava a tormenta de seus pensamentos.

– Posso te fazer uma pergunta? – ele sussurrou, para não atrapalhar os outros espectadores.

– Claro.

– Não quero que você me entenda mal, mas acho que, como somos quase adultos, não terá problema...

– Tudo bem, pode falar.

– Seus pelos também são ruivos?

– Que pelos?!

– Os lá debaixo.

Ela pareceu não entender, ou fingiu. Virou o rosto e seguiu assistindo a trama. Ele enrubesceu. Por que fizera aquilo? Era um demente? Não sabia mais o momento de falar certas das coisas? Por que aquilo tudo logo no cinema? Não tinha um pingo de decência e respeito pelas mulheres? A imagem de seus pais, dando-lhe uma bronca surgiu em sua mente perturbada. Seu pai dizendo que "nunca vi um figura tão desajeitada, estabanada pra fazer as coisas!".

A atitude intempestiva martelava em sua cabeça. Resolveu soltar a mão dela. Não merecia seguir ao seu lado. Era um monstro, um tarado. Quando seus dedos escorregavam para uma fuga silenciosa – a próxima seria a dele; inventaria um motivo para ir ao banheiro –, ela retomou o laço, tomando sua mão com firmeza.

Voltou-se para ele. Olhou fixamente seu rosto de panaca atormentado. Interpretou sua careta como um atestado de inabilidade, incompetência e arrependimento. Parecia um bom rapaz, afinal. Julgou que ele fora sincero e pueril. Então, resolveu sorrir para ele. Como uma adulta faz para uma criança boba.

Pelo menos, foi assim que ele interpretou aquele riso.

Agora, era a vez dela abandonar as mãos dadas. Abraçou o rosto dele, apertando de leve suas bochechas, e beijou sua boca, em um selinho simples. Após isso, desabotoou sua calça jeans e abriu o zíper naturalmente, como se não houvesse ninguém ao redor, como se estivessem em um quarto a sós. Com a mão esquerda, abaixou um pouco sua calcinha de algodão, sem tirá-la. O movimento foi calculado até o ponto de aparecer os pelinhos. Certificou-se de que ele realmente viu o que ela queria mostrar. Ele, um tanto embasbacado, tentou colocar a mão. Ela deu-lhe um tapinha, desaprovando a atitude, mas não de forma rude. Enfim, ela se recompôs e retornou à tela. Não queria perder aquele filme por nada.

Disfunção

Você estupra alguém por diversas razões. A falta de razão, certamente, não é uma delas. Digo isso, pois não vejo o estupro como algo irracional ou sequer um crime. Sei que o mundo todo vê assim. Tem leis, dá cadeia, o escambau. Bom, então, sou um criminoso. Porém, não sou daquele tipo letrado, que toma vinho fino, saboreia pratos requintados e cria joguinhos de adivinhação para a polícia. Também não sou um néscio. Aliás, só falei essa palavra pra mostrar que sei pesquisar e conheço um dicionário. Eu estupro porque gosto. Não tem essa de trauma de infância, nem revolta com a sociedade. Tem a ver com a natureza da coisa. Tem a ver com aquele tesão inexplicável que dá. Com buscar algo muito difícil e conquistar. Por isso, só estupro homens. Você tem que ver. A primeira coisa que acham é que você vai roubar o carro deles. A maioria diz assim: "pode levar, só não me machuca". Daí, eu explico. Muitos não acreditam, mas acabam cedendo. Os caras falam que tem filho, esposa, e me perguntam como vão ficar. Essa imploração, essa humilhação, é que me deixa mais excitado. Teve um que me pediu, ao ver que não tinha jeito da coisa não acontecer, que usasse camisinha. Eu disse que usaria. Só mandei que ele ficasse de quatro. Encostei a boca em seu ouvido e perguntei se era isso mesmo que ele queria: camisinha. Chorou baixo e disse que sim. Pedi que repetisse. Menti que não tinha ouvido direito. "Bota camisinha", ele disse... Então, eu cravei com toda a força. Sem camisinha. De tão apertado, achei que tinha arrancado um pedaço da pele do meu pau. Eu nem tive o trabalho de cuspir. Ele chegou a dar uma guinada para frente, como se quisesse escapar. Segurei-o pela cintura. Mantive os movimentos bruscos. Ele fechou os olhos. Serrou os dentes. Que estaria pensando? Eu imaginava sua esposa admirando aquela cena. O marido no motel, de quatro, com uma pistola apontada pra nuca e a bunda arrebitada pra cima, levando bago. Acho que gozei em dois minutos. E como é bom gozar quando se tem vontade! Sem aqueles exercícios todos. Sem livro do Kama Sutra. Sem aquela preocupação em dar prazer para o outro. Só descarregar mesmo, como um bicho. É exatamente como diz no panfleto: Sexo é vida! Tive um caso de estupro consentido. É estranho, sei. Mas começou como estupro e depois de um tempo o cara tava duro. Tive de tocar para confirmar. Arrastei-o com um solavanco para o chão. Deixei-o de bruços. E no chão prossegui até encerrar. Quando ele se levantou, percebi que o chão estava todo gozado. Ficamos naquela solidão pós-coito. Duas pessoas sem saber muito o que fazer. É sempre assim, não é mesmo? Fora a transa em si, meus estupros sempre são burocráticos. Só eu e mais um. Sou tímido, não gosto de suruba. Nunca gostei. Já comi vários tipos de caras. Gordos, brancos, negros, altos, carecas... O único tipo que refugo são os velhos. Acho que, inconscientemente, busco alguma reação. E os velhos não têm como reagir. Entendem o que estão fazendo, mas não reagem. Daí, não tem graça. Compreendo quem gosta. Aliás, não vejo mal nenhum no sexo. Não sou purista. Sexo é algo banal demais. Natural demais. Ainda hoje, existem pessoas que se guardam para o casamento. Acredita? Conheço uma moça, estagiária, deve ter vinte e poucos anos e é virgem. De chorar! Imagina se ela morre amanhã. Morrer sem transar é de doer. Voltando ao assunto... Os animais vivem estuprando uns aos outros. Às vezes, até de espécies diferentes. É só sexo. É isso que eu digo para eles, mas muitos ficam estirados, tremendo, como se eu tivesse lhes arrancado um fígado ou dado um tiro na cabeça de suas mães. Por favor, que drama! Talvez, arrisco outra análise, eu estupre exatamente para isso: mostrar que o sexo é comum. Olha que bobagem! Eu tentando achar justificativa para a natureza... Deve ser isso que os psicólogos fazem nos consultórios. Com toda essa falação, estou parecendo aqueles criminosos que matam por algo maior, por uma causa. Não é nada disso. É só desejo mesmo, tesão. Atualmente, estou comendo cu de *skinheads*. Toda a dificuldade de achar um deles, descobrir onde mora e acabar com aquela prepotência ariana em minutos, me deixa excitado demais. Claro, é uma missão complicada. Porém, vale a pena. Lógico, por eu trabalhar na polícia, fica mais fácil achá-los. Tenho acesso a ficha deles. Colaboro e sei o andamento das investigações, mesmo não sendo da minha área. Quero deixar claro que não faço isso por justiça aos negros, nordestinos, judeus, etc. Não tem causa alguma envolvida, como já disse. Certa vez, deixei um só de coturno. Fiz ele me chupar um bom tempo. E o danado sabia. Deu algumas golfadas no começo, mas seguiu normalmente. Acho que todo o homem sabe chupar. Nunca chupei ninguém. Mas deve ser algo natural, chupar pau.

Desconfio que todos saibam. Teve um outro *skinhead* que fazia força com o cuzinho. Algemei suas mãos. Arriei suas calças. Tracei-o como se estivesse revistando, dando um atraque em um suspeito. Ele não falava nada. Só apertava o cuzinho. Com minhas estocadas, o cu dava de si. Não adiantava apertar. Eu sentia sua bunda se contrair. Tarde demais, tarde demais. Bom, há a possibilidade de que eu seja um tarado, admito. Essa até aceito. Por isso estou aqui. Até hoje, ninguém me denunciou. Sei disso porque tenho acesso. Nunca vi nenhuma de minhas ações nos boletins de ocorrência. Que homem denunciaria que foi estuprado? São um bando de machões, cheios de preconceito, dogmas e tabus. Olha eu divagando de novo! E só com o segundo grau completo, hein?! Imagina se eu fosse doutor? Talvez a corregedoria tenha algo sobre mim. Talvez já esteja transcorrendo uma investigação. Vai saber... O que importa é o motivo por eu estar aqui. No meu último estupro, tive uma surpresa. Há tempos andava atrás de um gordinho. Seu codinome no grupo *skinhead* era X. Raramente, andava sozinho. A polícia tinha poucas informações e as que tinha, depois fui saber, eram falsas. Foi um mês caçando esse tal X. Consegui-o encontrar na casa de uma tia. Na abordagem, já fomos para "as vias de fato", como escrevem nos boletins de ocorrência. Na aproximação, ele puxou uma soqueira. Abriu meu supercílio. Tive de espancá-lo – até que desmaiasse – e arrastá-lo para longe. Esperei-o acordar. Expliquei a situação e perguntei se estava pronto. Ele disse que não poderia jamais fazer aquilo. Se fizesse, me encontraria até no inferno. Gostei. Era exatamente o que queria ouvir. Meu pau foi ficando duro e pedi que tirasse a roupa de couro. Ele disse que não. Lembrei-o da solidão daquele lugar. Reforcei que, se desse um tiro, ninguém ouviria. X se manteve inabalado. Foi uma negociação difícil. Silenciosa. Então, em um movimento rápido, quebrei o gelo e atirei próximo a sua cabeça. Um furo se abriu na parede de um galpão abandonado, onde há poucos dias foi deflagrada uma operação para desarticular uma quadrilha que contrabandeava cigarro. X se assustou. Estava acocado. Ergueu-se. Queria saber como seria. Disse que tirasse a roupa primeiro, que decidiria o resto depois. X não chorou como todos faziam. Mais uma reação que me excitou. Tirei minha calça. X ficou nu e, prontamente, vi que se tratava de uma mulher. Fechei a braguilha. Afivelei meu cinto. Mandei que se vestisse. X me olhou e disse que era um homem. Desde então eu não consigo mais. Não transo mais nem com a minha esposa, Doutor.

A ginasta

Começou no balé. A menina carecia de exercícios. Ninguém da família queria que a criança fosse obesa ou sedentária. A infância pede atividades físicas. Os pais trabalhavam e não acompanhavam a energia da filha, que, na maior parte do tempo, era observada pela avó. Então, matricularam a pequena. Quatro aulas por semana. Para a criança eram muitas. Cansava fácil. A professa era, definitivamente, uma megera. A garota não entendia o porquê de tanto sacrifício. Seus pés doíam em demasia. Seus ossinhos da mesma forma. Não queria mais aquilo. Principalmente, não queria mais aquelas amiguinhas insuportáveis, na verdade o maior motivo. A família substituiu o balé clássico pela ginástica rítmica. Usou seu treinamento de dançarina a favor das evoluções com os bastões, fitas e bolas. No fundo, achava engraçado. Parecia circo. As pessoas a elogiavam mais. E as companheiras, mais simpáticas e afáveis. Era muito bonito de se ver realmente. Cresceu mais um pouco. Entretanto, seguia baixinha. Enjoou dos bastões, bolas, fitas, coreografias. Os acessórios se tornaram estorvos. As fitas eram um saco.

Era uma criança, os pais a compreendiam. Concordavam e buscavam apoiá-la em futuras investidas esportivas. "Nessa fase é assim mesmo", diziam, compreensivos, aos conhecidos mais próximos, sobre os gostos vulneráveis da filhota.

Ela desejava, agora, partir para a ginástica artística. Confidenciou a sua mãe que não fugiria, nem substituiria sua escolha por outro esporte. Dessa vez, era palavra de honra. Como se a mãe se importasse ou cobrasse uma decisão definitiva. Estava, como dizem os pré-adolescentes, vidrada. Assistiu a uma competição de ginástica artística na televisão. Conhecera, pela tela, a maior ginasta de seu país. Saltos incríveis. Danças sincronizadas com a canção tema. Pura música, puro entretenimento. Plateia aturdida. Aplausos efusivos. Duplo twist carpado. Duplo mortal invertido. Flic-flac. E um novo salto que foi batizado com o nome da ginasta, sua mais nova ídola. Sabia, em questão de dias, o que significavam todas aquelas acrobacias quase impossíveis de se realizar e de se pronunciar sem tropeçar na língua. Seu destino seria a ginástica artística. Assim como as palmas e os olhares do mundo. Contudo, seria necessário dançar, alertou a mãe. Para a menina tudo bem, pois a dança não importava tanto. "Aliás, é muito bonito e eu até gosto", afirmou, alterando sua opinião inicial. O que importava mais era o risco, a dificuldade em realizar os movimentos. Para a mãe estava tudo certo: a menina seria ginasta.

Tinha treze anos, olhos fixos no horizonte, força nas perninhas. Pulos e mais pulos. Um estalo e ela se espatifava numa das diversas esteiras. A menina treinava com afinco no clube que a família era associada. Gostava das colegas. Tinha gana, dizia o seu treinador, um estrangeiro bem-conceituado no meio esportivo e mantido a muito custo pelo clube – o que elevava muito a mensalidade para os pais. Disse, "Uma ginasta, depois de correr para ganhar impulsão, pula até quatro vezes a sua altura. Ao cair, o peso sobre seus joelhos é um absurdo. Não há como desenvolver um bom rendimento por muitos anos. O que posso dizer é que ela pode ser uma grande atleta. Tem que aproveitar o momento. Aproveitar enquanto é jovem". Bastou para o pai coruja ficar orgulhoso e espalhar a notícia aos vizinhos e amigos. Ainda afirmou, um tanto exagerado, que tinha ouvido boatos que sua filhinha poderia chegar a uma Olimpíada em breve. Claro, esse breve, eram uns três ou quatro anos, mas era pouco.

A ginástica artística começou a tomar um bom tempo da menina. Além dos treinos, os estudos. Não poderia ter notas ruins, nem faltar às aulas. Dar bom exemplo também era pré-requisito para ser uma boa atleta. Postura profissional, mesmo em um clube amador. O país não tinha tradição alguma no esporte. Era pouco praticado, entretanto o clube era respeitado. O treinador e as jovens atletas tinham um certo status.

Fora os treinos e as aulas, sua rotina era preenchida com passeios com as amigas, também ginastas, nos shoppings centers da cidade. Uma vidinha dura para uma pré-adolescente. Mas era inegável, a mocinha estava feliz. A cada dia que passava, seus pais a sentiam mais vibrante. Ouviam, de todas as partes: "que doce de menina!", "um encanto!", "que exemplo, viu só?", esse último era para advertir as outras jovens que ali estava uma história a ser seguida. Tudo isso elevava sua autoestima. Boas notas, boas companhias, bons saltos, boa alimentação.

(...)

Menstruou com catorze anos. Um ano depois que começara na ginástica artística. Exato, como matemática. Contou para as amigas mais próximas. Contou para os pais. Contou para o técnico. Todos foram compreensivos. Apresentaram seus olhares mais tenros. Afagaram seus cabelos lisos escorridos. "Isso é absolutamente normal", declarou sua mãe, que já fora menina um dia. Fez questão de frisar o fato para a filhinha, como se ela não soubesse! Nos primeiros dias de sangue, a atleta chorou em seu quarto, escondida. Estava se acostumando a ser mulher. Agora, levava seus absorventes na mochila de treino.

Para ser uma ginasta completa ou campeã, como queria ser, era necessário ter uma boa atuação em todas as atividades que envolviam a ginástica artística: trave de equilíbrio, barras assimétricas e solo. Ela gostava mais e tinha um desempenho surpreendente no solo. Entretanto, era preciso ser perfeita, ou próximo a essa qualidade, para ser uma verdadeira vencedora. "Além de contar com aquela pitada de sorte", enfatizava seu mentor. Por isso, a relevância dos treinamentos. A garota entendia e seguia o mantra à risca.

A primeira competição. Muito nervosismo. Atletas de outros clubes, agremiações e cidades próximas. Vestir o maiô. Suas mãos tremiam. Sentia uma leve ânsia. Quase uma dor de estômago. Sentou, ainda no vestiário, e mirou o chão de azulejos, também mirou suas partes sob o maiô, estava levemente menstruada, final de ciclo. O fato a deixou apreensiva. Sentiu um nó na garganta. Olhou a sua frente e viu sua companheira de clube. Parecia nervosa. Estaria menstruada também, questionou-se. Resolveu não puxar conversa. Quis chorar. Segurou o nó. Mordeu os dentes. Passou a mão nos cabelos umedecidos pelo gel fixador. Apertou com força a borracha do cabelo. Olhou para o chão do vestiário de azulejos outra vez. Bateu duas palmas fortes. Gritou. Então, saiu em direção ao ginásio.

Passou por todas as etapas: trave de equilíbrio, barras assimétricas, cavalo sem alças e solo. Teve apenas dois erros. Suas adversárias tiveram mais. Primeiro lugar. Nada mais justo. A ginasta mais próxima da perfeição. Foi feito um pódio improvisado pelo clube que recebeu as atletas. Subiu no lugar mais alto. Ergueu a mão esquerda, com a direita segurava a medalha, e abanou para os pais que assistiam a tudo na arquibancada. Não chorou uma gota. Ao contrário, sorriu.

Para uma primeira competição teve um rendimento admirável, disse, em segredo, o técnico para os pais altivos. Ressaltou quer era necessário mantê-la focada nos resultados. Eles, os pais, deveriam deixá-la em terra firme, pois o futuro lhe pertencia. Atentos, os dois concordaram e assentiram. Um sentimento novo e vivo para o casal. Garantiram e deram suas palavras que tudo seria feito para tal. Queriam ter uma filha campeã olímpica. Dali para frente, tratariam sua pequena com zelo redobrado. O técnico ficou satisfeito.

Algumas derrotas vieram. Por erros banais, é verdade. Outras, por qualidade das adversárias. Mas, em balanço, eram mais glórias que infortúnios. E essas suas vitórias, campeonatos da cidade, do estado, levaram-na para a seleção e, por consequência, ao Torneio Continental de Ginástica. Um dos mais importante antes das Olimpíadas, onde só os melhores competiam. A menina era mesmo uma promessa. Caberia esperar se a promessa se cumpriria.

Tinha dezesseis anos. Já começava a sentir dores pelo corpo. Normal. Há três anos se dedicava à ginástica. Muitos treinos. Agora dobrados, pois era uma atleta profissional. Havia firmado compromissos com patrocinadores. Empresas que esperavam obter lucro e visibilidade com seus saltos, cobravam performance da jovem. Ela retribuía a confiança e expectativa de todos. Treinava forte, tinha predestinação e o sorriso aberto do destino – a tal sorte, tão citada pelo técnico que, assim como ela, fazia parte do selecionado. "Quanto mais você treinar, mais sorte vai ter". Essa era a receita de todos os sucessos que o técnico conhecia no mundo do esporte. A mais pura força do acaso. Aliás, se ele pudesse dar um conselho para toda a vida, ou uma frase para qualquer lápide, o treinador estrangeiro diria assim, do alto de sua experiência: Crianças, tenham sorte!

As luzes do continente focadas em seu rosto de menina. Muita esperança nesse torneio que chegara. O pódio. A bandeira nacional. Só isso em sua cabeça. Estava menstruada em sua tarde de apresentação. "Como na primeira competição, lembra?", direcionou a pergunta a si, em um falso diálogo. No vestiário, não chorou. Não teve nó na garganta. Fazia movimentos circulares com a cabeça, com a intenção de se concentrar e espantar a tensão. Essa atitude resultava em leves estalos. Estava em um outro país. Em um vestiário estranho. Ouvia vozes em outras línguas. Cânticos em outros tons. Não devia se impressionar com isso, afinal todos os lugares e pessoas são iguais, forçaram-na a pensar, com o intuito de motivá-la para o evento. Coisa daquele técnico turrão, refletiu. Mas era assim, o mundo...

Estava dispersa com bobagens. Desferiu dois tapas no próprio rosto. Dois gritos. Entrou no ginásio lotado. Cabeça erguida. Rosto fechado. Passos decididos, firmes. Vaias. Muitas vaias.

Os mesmos flic-flacs, duplos twist carpado, duplos mortais invertidos que vira sua ídola realizar tempos atrás, ela fez questão de repetir, além, claro, de acrescentar outros movimentos mais. As coreografias sincronizadas com a métrica da canção tema. Nenhum erro. O primeiro lugar. A medalha de ouro. As entrevistas. As reprises de seus incríveis saltos na televisão. Tudo a encantava. Mal sabia o que dizer. Não existiam palavras, bastava sentir, ouvir e retribuir o carinho de seus conterrâneos que se faziam presentes mesmo longe de casa.

Sentou na cama do hotel. Era curioso, o tempo parecia não passar. Queria esse dia, esses momentos que acabara de viver, para a vida inteira. Recebeu suas colegas de seleção que também competiam, mas que, infelizmente, não venceram. Nenhuma delas se aproximou do pódio. Seu trunfo acabou sendo ainda maior. Fofocaram bastante, falaram sobre os acontecimentos que envolviam o torneio, os erros dos avaliadores, as notas injustas. A raiva que sentiam. Até que o assunto acabou. Um rastro de inveja deixou o quarto da campeã. Olhou a sua volta. Estava só. Sua companheira de quarto se lesionara dias antes. Rompimento parcial dos ligamentos do joelho. Por essa razão abandou a competição e voltou para iniciar um tratamento.

Tinha algo de vazio em si. A medalha ainda no peito, como um colar. Não sentia nada. Não sentia saudades. Nem de seus pais, nem de seu país. Sentada na cama. Seus calcanhares encostados em suas nádegas. Joelhos no queixo. Chorou, copiosamente. A medalha a fizera refletir. Desde cedo só se dedicara a isso. Todos esses pulos, esses dias perdidos em treinamentos. De que valia o dinheiro de seu patrocinador se não podia gastar em nada que não fosse envolvido com seu futuro, ou seu esporte? Não queria isso: ser uma prisioneira da ginástica. Ficar abandonada nesse quarto após as competições. Longe de casa e de tudo. Sim, sabia que não seria atleta para sempre. Mas e o dia de amanhã? Esse dia próximo e, ao mesmo tempo, tão longínquo, voltará um dia? Não, não voltará jamais!

E sua consciência tinha a certeza plena disso. Há pouco queria esse dia vitorioso para sempre, mas, agora, já tinha dúvida se esse era mesmo seu desejo.

Queria um namorado. Botou na cabeça que só podia ser isso. Um companheiro era o que lhe faltava. Um homem poria sua vida no lugar. Treinara tanto. Estudara tanto. Machucara-se tanto. Nem tivera tempo de beijar na boca. Namorar nem se fala. E transar, então... Sim, havia beijado na boca uma vez. Algo meio estranho. Um pouco forçado. Ela foi empurrada pelas amigas. Ele pelos amigos. Não foi uma cena inesquecível, como deveria ser. Mas dizem que o primeiro beijo nunca é mesmo...

Um metro e cinquenta e sete era sua altura. Diziam ser ideal para uma ginasta. Lábios finos. Cabelos finos e escorridos. Pernas curtas e torneadas. Bumbum arredondado. Pés pequenos e desenhados. Parecia uma criança mesmo. Mas não era. Era uma moça. Já havia menstruado. Poderia ser mãe, pensou. Também pensava, invariavelmente, em como seria fazer sexo. O estranho é que não pensava no rapaz em si. Sonhava com o ato. E se via em cena, os movimentos que faria, o momento que não faria absolutamente nada. Estava incompleta por não se sentir mulher. E, por isso, não estava confortável por dentro. Tampouco tinha vontade de confidenciar seus instintos e desejos a suas amigas. Sabia que não havia outra virgem na equipe. Todas, quatro atletas contando ela, duas de vinte e um anos, uma de dezenove, já haviam experimentado. E diversas vezes.

(...)

Competição internacional de médio porte. A ginasta conhece um jovem ginasta. Atlético, como ela. A diferença nos homens desse esporte são os músculos. Firmes. Enrijecidos. Arredondados. Com ele, enfim, perde a virgindade. Foi um acontecimento de uma velocidade atroz. Conheceram-se e transaram. É necessário dizer que a situação superou as expectativas da ginasta. Foi muito bom sentir todo aqueles instintos e desejos à flor da pele. Seu pequeno mamilo sendo beijado. Seus seios sendo cobertos pelas mãos grossas dele – de tanto treinar em argolas. O hálito e a brisa quente entre suas pernas. Suas pequenas partes sendo lambidas com agilidade. Não sabia onde segurar. Então, pôs as mãos na guarda da cama. Sentia umas cócegas que percorriam sua espinha. De quatro, tolerando a força que ele apertava sua cintura. Uma dor agradável. Soltava gemidos de menina, que lhe fugiam da boca, instintivamente. Até que ele cessou os movimentos. A felicidade, o cansaço e o leve sono pueril. O mundo parou de girar. O mundo sequer existia...

O atleta era estrangeiro, mesmo assim, entendiam-se. Desfrutou da sua companhia. Tiveram três belos dias. No torneio, a ginasta não foi campeã. "Puro azar...", sentenciou o técnico. O pódio ficou distante. Quinto lugar. No término da competição se despediu do ginasta, que não lhe prometera nada de promissor. Ao contrário, desiludiu-a com o futuro. Não queria nada sério.

Só de pensar que aqueles dias não voltariam, vinham-lhe soluços, enjoos, seguido por discretas lágrimas. Não conseguia se imaginar com outro homem. Ficou, até certo ponto, traumatizada. Não falara do acontecido para ninguém, exceto sua melhor amiga. Uma jovem da época escolar, que não vivia o mundo do esporte. Uma antiga vizinha e amiga fiel para toda as horas.

Jogou tudo em seus ouvidos de uma vez só. Ouviu os conselhos. "As coisas são assim mesmo", "toque sua vida para frente". Por fim, ela sublinhou. "As coisas que passaram devem ficar exatamente no passado, pois o tempo não retorna jamais". Um amontado de obviedades que lhe confortaram. Porém, a ginasta não queria tocar sua vida daquela maneira, com sofrimento. Padecia de dores musculares por todo o corpo. O coração era o músculo que mais lhe doía. Sua amiga também comentou que, no momento, era preciso ter calma, não deveria jogar tudo para o alto. Existia a possibilidade de participação nos Jogos Olímpicos. "Quem sabe lá, você não dá a volta por cima", concluiu a confidente.

(...)

A tocha chegou à pira olímpica. Fogo. Começam os Jogos. O quarto lugar veio amargo. Quase não errou, talvez tenha faltado mais ousadia, falaram alguns especialistas depois de analisar o ocorrido – e como era fácil analisar as coisas depois que elas aconteciam! O fato é que ela extraiu o máximo de si. Não ganhar a tão almejada medalha foi o segundo baque da ainda menina de dezessete anos, afinal as outras atletas olímpicas, de diversas nações, eram de qualidades próximas ou inferiores as suas. Não melhores, longe disso. O técnico e a família não acreditavam no que viam. Um desastre. Tinham dentro de si que a menina podia mais. Ficaram consternados. A imagem da ginasta, chorando após saber a nota insatisfatória dos jurados, ficou na retina de todos os presentes. E também para a posteridade, isso porque os periódicos clicaram, com habilidade, o momento ímpar.

O país chora contigo

Anunciava a manchete nas bancas de jornal, no dia seguinte. E os dias subsequentes serviriam para recomeçar. Colocar sua cabeça no lugar, como lhe disseram. E qual era, afinal, esse lugar? Ela, a estrela principal, não sabia. O treinador, percebendo um cenário confuso, resolveu lhe dar umas férias. Experiente, pressentiu o necessário: deixar o esporte de lado por uns tempos. A ginasta comemorou a decisão. Abraçou o técnico, chorou em seu ombro. "Que chorona", disse ele. Tudo se acertaria, ela era uma boa pessoa, acrescentou.

Nesse tempo, tocou os estudos. Tomou sorvete. Comeu guloseimas. Passeou com amigas. Assistiu televisão. Foi ao cinema e devorou baldes de pipocas com manteiga. Conheceu um novo rapaz, estudante de engenharia, amigo de sua vizinha. Exatamente, como a ginasta sonhara. Atencioso, tenro, inteligente, de boa família. Não era atlético, sequer praticava esportes com frequência.

Havia uma mão para segurar. Um ombro para recorrer. Seus grilos, como diziam, diminuíam. Estava mais tranquila, mais firme e decidida. Ainda não conseguira transar com seu príncipe encantado. Mas ele a compreendia. Sabia que sua hora estava por vir. E ela tinha vontade, só não tinha segurança para tal. Entretanto, afirmou para o futuro engenheiro civil que esse dia chegaria em breve. Na verdade, agiu dessa maneira para segurá-lo. Queria conquistar seu coração e ter confiança nele. Ele soube aguardar e foi presenteado por essa espera.

O período de descanso cessou. Com as novidades e a cabeça no lugar, estava apta a praticar ginástica outra vez. Seu objetivo não poderia lhe escapar – a medalha. Treinamentos mais agressivos. Foco total para obter bons resultados. Quilos e quilos de frases de autoajuda para manter a concentração e alcançar a meta. Os primeiros resultados positivos vieram. Torneios significativos e de grande repercussão conquistados. Estava com uma saudade imensa dos holofotes, não podia negar. Os especialistas afirmavam que a ginasta estava em seu ápice. Confiante e arrojada. O auge se devia, em hipótese, a sua vida pessoal. Sorria. Aquele mesmo sorriso da primeira medalha dourada, e de todas as outras, que obtivera.

Na realidade, o treinador não gostava que suas – sim, ele tinha esse estranho sentido de posse – ginastas namorassem. Sexo não era auspicioso, resultava em péssimos desempenhos, declarava. A justificativa era que os jovens exageravam, desperdiçando adrenalina, relaxando o corpo em demasia. E o que era um ginasta sem força e adrenalina? "Nada, absolutamente nada", finalizava. Os pais o ouviram e, ao saberem disso, acabaram se posicionando contra o namoro. Não queriam perder a chance de ter uma filha campeã olímpica – já haviam desperdiçado uma, até hoje sem entender a razão.

Porém o amor que a ginasta nutria pelo jovem era de uma plenitude absurda. Viviam colados um no outro. Aonde um ia, o segundo ia de arrasto. Seguindo os passos, fazendo o mesmo caminho. Se você quisesse encontrar um, poderia procurar pelo outro. Um grude. O treinador e a família não conseguiram separar, de fato, o casal. Tinham dó de machucá-los. E como os resultados da ginasta não decaíram, eles não se esforçaram para separá-los.

(...)

A notícia chegou há 120 dias do início das Olimpíadas. A ginasta, nesse momento, uma mulher de vinte e dois anos, estava grávida de três meses. Por isso, encontrava-se automaticamente fora da equipe. O país perdia sua maior ginasta. Definitivamente, não havia o que se fazer em uma situação como essa. Os pais, o técnico e até sua melhor amiga não sabiam o que falar, sentiam-se culpados. No fundo, o amor poderia esperar. Eles deveriam, sim, ter apartado o casal. Era um pensamento um tanto mesquinho, porém uma medalha de ouro estava em jogo. "O que você fez da sua vida?!", repetia o pai, aos berros. A hipótese de aborto foi cogitada pela mãe. Entretanto, não houve consenso. O único consenso é que ela, que jogara fora a chance de ser campeã, devia assumir seus atos, afinal não era mais uma menina.

Como sempre: as surpresas assustam os desavisados.

(...)

Tornou-se uma jovem senhora. Com o mesmo biótipo e feições do passado – mudara pouco. O estudante se formou. Engenheiro civil, como sonhara. Casaram-se e tiveram três filhos. Dois meninos, uma menina. De quatro em quatro anos, ela acompanhava as Olimpíadas pela televisão. Torcia por suas compatriotas. Por vezes, tecia alguns comentários na imprensa. A cada menina que via subir ao pódio sentia o seu sorriso dourado. No fundo, era o mesmo sorriso. Eram meninas como ela. Os mesmos acenos para os familiares. A mesma medalha. Decerto, tinham o mesmo nó na garganta. Contudo, isso ela nunca saberia, pois nada se compara a vencer os jogos olímpicos.

Isso a martirizava. Mas por quê? Já havia passado. A verdade é que ela nunca tinha respostas. Seu reflexo era ir até a despensa em busca de mais uma pílula de fluoxetina. Tinha receita médica emitida pelo seu psiquiatra para os antidepressivos.

Aproximadamente meia hora depois de ingerir a cápsula, a ginasta sente o sorriso dourado tomar conta de seu rosto novamente. Imagina-se no pódio. Hino Nacional. Emociona-se já nos primeiros acordes. Seus saltos e acrobacias reprisados no telão e nas retinas dos presentes. Sua medalha olímpica – será que é de ouro mesmo? – brilhando no peito. Acenos à torcida. Seus pais na plateia, sorrindo e chorando. Milhares de pessoas comovidas com seu espírito vencedor.

O país chora contigo

Anunciaria a manchete nas bancas de jornal do dia seguinte, porém, dessa vez, o tom seria de vitória.

(...)

Um grito de criança ao fundo se repete – "Mãe! Mãe! Mãe! Mãe! Mãe! Mãe!" – até ficar insuportável e lhe consumir. Ela acorda e volta seu rosto para a sala de estar. Seu filho caçula está com fome. A ginasta, nostálgica, limpa os olhos úmidos e vazios, segura o sorriso com os dentes, pede paciência ao pimpolho, dentro de instantes o almoço estará na mesa.

Tudo que passa na cabeça antes de uma noite de amor

A vida é um processo de espera. Às vezes, as coisas simplesmente não acontecem no tempo esperado. Era angustiante aguardar. Teria tempo para? Pensava nisso enquanto refogava a cebola e o alho na manteiga, como orientava a receita. Cebola é a alma da comida, dizia sua mãe, metida a poeta. Quinhentos gramas de camarão. Duas xícaras de arroz arbóreo. Alho-poró. Um cálice de vinho branco seco. Um toque de laranja. Sal e pimenta a gosto. Será que risoto é uma boa escolha? Pelo menos, é prático. Deixou uma fresta na tampa. As panelas ficariam descansando, com o risoto já pronto, enquanto ia ao banheiro se maquiar.

Fez o contorno dos olhos com cuidado. Batom vermelho, no tom que todo homem gosta. Pernas depiladas. Meia-calça e espartilho pretos. Salto alto – o pé esquerdo, sabe-se lá por que razão, apertou um pouco. Unhas e cílios postiços – será que ele notaria? E se notasse, qual seria sua opinião sobre? Vestido discreto, preto – para combinar com a meia-calça –, curto, mas não demais. A intenção era valorizar sua bunda, redondinha, tamanho que quase cabe na mão de um homem. Sutiã com bojo – outra tática além dos cílios – para preencher o decote. Nas costas, as alças finas e uma abertura até o cóccix davam luz a sua pele limpa, lisa, apenas com algumas pintinhas, sem protuberância alguma.

Todo esse esforço, essa apresentação, óbvio, era para valorizar aquele momento, demonstrar a reverência que a noite merecia. Sabia que não passava de artimanha, estratagema, clichê, entretanto, queria agradar. Tudo que as pessoas fazem é para agradar as outras. Essa era outra lição de sua mãe. Os homens gostam de se sentir especiais, sabia muito bem disso. A ocasião era propícia para ressaltar e mostrar explicitamente sua intenção: não queria só sexo.

Gostava dele. Nunca estiveram a sós como ficariam hoje. Quando se beijaram, foi no trabalho, onde eram colegas. A partir disso, desencadearam-se diversos eventos que resultaram nessa noite. Eis a razão da tensão, pois havia ali, naquele apartamento de uma pessoa só, uma ânsia em ver tudo dando certo. Pouco importava o fato dele ser casado, com filhos – e qual será a desculpa que um homem casado e com filhos inventa para conseguir uma noite fora de casa? Futebol? Trabalho? Amigos? Não sabia, nem imaginava ao certo. O problema era dele, pensou. Também pensou o que essa noite traria como consequências para o futuro de ambos. Fim do casamento? Seriam somente amantes? Uma noite apenas? E no trabalho, não se falariam mais? Tinha o jantar, a casa e outros afazeres importantes para aquela noite que careciam de atenção. Era melhor parar com os devaneios tolos.

Seu telefone tocou. Era ele avisando que estava em um táxi. Dentro de alguns minutos, poderia descer para recebê-lo. A resposta, porém, foi negativa, pois estragaria a surpresa – toda a preparação, o vestido. O porteiro estava avisado.

Bastava anunciar o nome e acessar o elevador. Segundo ele, aquilo estava errado, o porteiro poderia desconfiar. Porém, os dois concordaram que era uma bobagem. Afinal, qual era o problema em receber um amigo para jantar? É a coisa mais normal do mundo, falou. Mesmo assim, ele tentou retomar seu discurso estranho, dizendo que as pessoas não são trouxas, mas, enfim, tudo bem.

Ao desligar, a ânsia havia se transformado em um nervosismo absurdo, que tomava conta da situação. Já não se sentia mais confortável com as atitudes que tomou. Todo aquele clima e ambiente queriam dizer exatamente o quê? Não sabia a resposta. Não sabia e isso lhe afligia. Correu ao espelho. E a principal dúvida veio: por que, afinal, se vestiu de mulher? Se fora beijado como homem, por que se fantasiou para o principal momento? O principal motivo foi ter ouvido dele que seu rosto tinha traços femininos e que isso o atraía. Essa foi a razão, segundo seu colega de trabalho que estava a poucos instantes de entrar naquele apartamento, que o fez beijar um homem pela primeira vez em sua vida – agora, em um momento de serenidade, refletiu e teve dúvida se seria verdade ou algum tipo de mentira que homens casados atraídos por outros homens sempre contam. De qualquer forma, foi baseado nisso que resolveu se vestir de mulher, assumindo então seus traços. Acreditou que o baque seria menor. Entretanto, já não tinha certeza se a decisão foi correta, porque a surpresa poderia ser um risco. E se não o agradasse? Teria como consertar tudo e receber uma segunda chance? O sapato lhe apertava. Sentou no sofá. Retirou o pé esquerdo que o estava incomodando. O alívio de estar descalço – o pé vestido com a meia-calça ao tocar o laminado trazia uma sensação muito agradável – lhe fez esquecer um pouco de tudo. Até que a campainha tocou. Não conseguiu se erguer do sofá. O toque se repetiu mais duas vezes. Respirou fundo. Calçou outra vez os sapatos e foi até a porta atender o homem que tanto esperava.

Noivinha

Estava vestida de noiva. O vestido, mais curto que o espaço dela, pois não foi feito sob medida. Sorria, com a pouca maquiagem que tinha, com a pouca luz. Isso pouco importava. Achava graça de tudo, afinal estava vestida para tal. Gargalhava, caminhava de um lado para o outro, o chão diminuía a cada passo. Era como se tivesse se olhando em um espelho invertido, era gorda, era magra, era comprida, era curta, já não sabia mais quem era, talvez fosse um espelho de uma outra noiva qualquer, que vira em uma antiga e amarelada revista de noivas. Não tinha certeza de nada, se esquecera do marido, era ruivo ou moreno? Sabia de si, era feliz e pronto. O dia tinha cara de dia de casamento, folhas caídas no piso – devia ser outono... – céu com nuvens brancas e bem ornadas, vento fresco, barulhinhos macios faziam trilha sonora para sua história de amor. Estava pronta, mesmo não tendo ninguém a sua espera, nem charrete, nem multidão. Estranhou o fato, devia ser uma surpresa, como aquela do dia em que ganhou a boneca que respondia as suas perguntas. Só pode ser, pensou ela em voz alta. Sorriu mais uma vez antes de sair, pôs os pés na rua, o vento parecia ter se esquecido de ventar, o céu não era o mesmo. Só havia um silêncio preocupante. Tudo isso fazia parte da "festa"? Não tinha importância, iria a pé, mesmo com a chuva, surpresa de Deus, começando a teimar. Estava um tanto distante da igreja, teria que correr, mas com aquele salto não dava. Então, correu descalça. Escorregava nas próprias pernas, se erguia, escorregava outra vez. Sabia o caminho de cor. Quanto mais se aproximava, mais sorria. Imaginava como estava linda com aquele vestido, a cauda, o véu... Mesmo descalça, maquiagem escorrida, olhos borrados, pouco importava. Era o seu dia. O seu dia! Estava atrasada, como toda noiva que se preze. E o marido como estaria? Logo, logo, saberia... Antes tinha de subir as centenas de degraus da escadaria quase sem fim. Não pensou em desistir, ao contrário, cada vez mais amava aquele momento de amor e esperança, era tudo o que queria para si e, por que não, para todos em sua volta. Sim, queria que todos fossem felizes como ela, se amassem sem culpa, subissem as maiores escadas do mundo com um sorriso sincero no rosto. Esse sentimento de solidariedade só existe quando se conhece a felicidade plena. A felicidade que, naquela escadaria molhada, era dela, habitava seu eu desde o dia em que aquele homem pediu, e recebeu, a sua mão. Foi um dia eterno, sem data para morrer, é certo, enquanto ela viver, esse momento viverá. Faltava pouco para chegar à igreja, e seu corpo fraquejava. Na verdade, estava lá dentro há tempo, só suas pernas que não sabiam disso. Inspirou fundo, buscando ar na raiz dos pés. Parou, sentiu a água gelada, bebeu a saliva, inspirou de novo, e de novo, estava cansada, ofegante, feliz, feliz, feliz. Era o seu dia! O topo da escadaria era inalcançável, a cruz era quase minúscula vista da onde estava. Porém, a cada passo forçoso, sentia o peso de uma vida quase inútil. Anos de trabalho repetitivos, de vozes internas repetitivas, de sonho repetitivo. Não queria pensar nisso. Não era hora para reflexões. Tinha, até agora, uma vida de fé na própria vida, uma esperança inabalável – em quê? Não queria responder. Olhou para a cruz que, agora, era imensa. O chão voltou a ser estável, assim como a chuva e o cansaço. O curioso é que nunca fora estável antes. Tinha reservado todas suas forças para aquele momento, a força de um calendário cheio de anos nas palmas das mãos. Era essa força que ela precisaria para abrir as portas daquela igreja centenária. Parecia uma tarefa impossível. A surpresa não tinha mais graça, para que trancar a porta daquele jeito?! Sua força era pouca, sua vida foi pouca, não conseguiria abri-la nem que nascesse de novo. E se nascesse, certamente, seria pior. Caiu de joelhos, com pena de si, diante da chuva, diante da igreja, diante da cauda do vestido quase marrom, diante de Deus – e em frente da sua casa – e de mais ninguém. O sino das seis badalou forte, ecoou – como só ocorre no silêncio. Sua cabeça badalava, suas entranhas doíam. Era hora de ir embora, não haveria casamento hoje. Ao chegar a essa conclusão tentou gritar, mas não conseguiu. Despediu-se das emoções e deu às costas à igreja, atirou o buquê de noiva para suas convidadas invisíveis e desandou a chorar. Sempre soube que choraria no dia de seu casamento.

Vento Mistral

Ele era do tempo que velhos jogavam dominó e dama nas praças. Do tempo que velhos ficavam sentados em frente a suas casas, contando o número de pessoas conhecidas que circulavam – e tentando memorizar o nome de todas. Também havia os velhotes que consertavam coisas – com suas ferramentas gastas –, escondidos o dia inteiro em garagens ou porões abafados. Esses, que eram todos os que ele conhecia, só recebiam o mínimo de atenção em confraternizações aos finais de semana, geralmente, churrascos com a família. Entretanto, não eram interações significativas. Eles ficavam em um canto, recebiam bebidas e eram questionados se estava tudo bem. Quando falavam, os velhos só eram ouvidos em suas primeiras palavras. Depois, a maioria dispersava.

Velhos não chegavam nem perto de completar 85 anos. Por isso, ele estava surpreso nessa manhã. Recordava como viviam os homens e as mulheres da sua idade em "seu tempo" – ou, melhor dizendo, a época quando ele era jovem. Porém, o mundo mudou um bocado e ele tinha uma importante reunião de trabalho agendada dali a poucas horas. Estava orgulhoso. Afinal, ele, de forma instintiva, ajudou a modificar o modo como as pessoas encaravam os idosos. Sentiu-se lisonjeado por sua luta invisível. Tinha uma bandeira para hastear, mas não tinha um discurso como daqueles ativistas insuportáveis. Durante esse devaneio matinal, chegou o termo que tanto buscava: útil. Diria, sem sombra de dúvida, que ainda era de serventia para algo. Um velho útil.

O fato é que nunca se imaginou com essa idade. Sequer planejou o que faria se alcançasse 85 anos. Pensou nisso enquanto engraxava os sapatos e foi interrompido por sua ação. Por que só velhos engraxam sapatos, perguntou-se. Hoje, muitos homens jogam sapatos fora, ao invés de engraxá-los. Homens de merda, sentenciou. Passou o café e retornou a suas abstrações. Seu único desejo para a velhice era não estorvar ou atrapalhar a vida de ninguém. E, até então, dava para afirmar que havia alcançado sua meta para o futuro.

Aliás, que ironia: o futuro era a velhice. Sorriu um sorriso torto, enquanto se barbeava diante do espelho, e por estar desatento acabou cortando de leve o pescoço. Outra coisa que o incomodava: só velhos como ele faziam a barba diariamente. Os homens de agora deixam a barba por fazer. Abandonou a navalha e colocou um pedaço de papel higiênico no pescoço para estancar o sangue.

Ele não incomodava filhos, esposa, netos. Ao contrário, sustentava financeiramente quase todos. Isso ele também não esperava. Quantos idosos, mais jovens que ele, amanheciam abandonados e prostrados em asilos, sentados em cadeiras de rodas, vegetando? Decerto que eram milhares, mas ele, não. Tinha uma reunião importante pela frente e não tinha como reclamar da vida.

(...)

Clint chegou na hora marcada para o encontro. Oito executivos da Paramount Pictures o aguardavam. Sabiam que ele era pontual. Ao entrar na sala, ele cumprimenta a todos, formal. Para distrair o ambiente, um dos executivos logo faz uma brincadeira sobre a rodada do *baseball,* sabia que Clint adorava o esporte. Clint sorriu. Todos sorriram. Outro executivo perguntou se ele queria alguma bebida. Clint afirmou que havia tomado café e agradeceu.

– Nem um copo de água?

– Não, nem água. Obrigado.

– Certo, vamos falar de negócios! – disse o produtor-executivo, um homem com forte sotaque mexicano, que até o momento não havia se manifestado.

O produtor-executivo seguiu e explicou porque eles – ele falava em nome da Paramount – queriam que Clint capitaneasse o novo filme a ser realizado. Elencou as diversas razões e ressaltou que o objetivo era contar uma história que tivesse a assinatura de Clint. Foram alguns minutos de explanação.

O velho ator e diretor comentou que estava lisonjeado. Já tinha ouvido aquilo centena de vezes e sempre fingia não saber o que falar. Uma falsa modéstia.

– Clint, o senhor tem um capital social muito relevante. As pessoas investem em qualquer projeto seu sem pestanejar – completou uma executiva bem jovem.

– Capital social? – questionou Clint.

– Sim, basta o senhor estar envolvido em algo que, automaticamente, vai gerar confiança aos consumidores.

– Minha filha, não me fale em consumidores. Eu estou velho, sei que não tenho direito a ideologias, mas ainda sou um artista.

O de sotaque mexicano fez um sinal, como que pedindo a palavra.

– Não a entenda mal, por favor. É só um termo. Esses jovens vindos das melhores universidades, hein! – e logo abriu uma imensa bocarra, sorrindo, tentando descontrair. – Mas vamos esquecer essa coisa de capital social e consumidores. Já trabalhamos juntos, Clint. Você sabe o que penso sobre o cinema e a liberdade que ofereço a quem trabalha comigo. Por favor, quero que você nos diga o que achou dos roteiros. Estamos ansiosos.

Clint colocou os três calhamaços que trazia consigo sobre a mesa. Um pequeno silêncio se formou. Clint lançou seu olhar característico na direção dos presentes. Era um pouco indiferente, um pouco ameaçador. Parecia estar encarnando um personagem.

O desejo dos executivos é que ele dirigisse e atuasse. Uma das histórias envolvia a guerra no Iraque, a outra falava sobre um esportista que tem que se desdobrar para ser um vencedor e a terceira era um faroeste moderno, envolvendo chefes do narcotráfico e fronteiras repletas de policiais corruptos.

Clint pensou em falar que aquelas histórias já foram contadas. Se afirmasse isso, eles rebateriam dizendo que ele tinha razão, contudo o filme teria sua assinatura, como foi dito. Logo, seria diferente. A saída era ser direto. Clint, então, achou um riso tímido que não existia em seu repertório e falou que pensou no assunto, mas negaria a direção daqueles filmes. Seu objetivo a curto prazo era dar um tempo do cinema. Um dos presentes questionou o que ele tinha em mente. Clint desconversou. Falou em projetos pessoais e nada mais disse.

Agradeceu a lembrança e a confiança que tiveram em seu trabalho, desculpou-se pelo tempo despendido. Os executivos tentaram seguir a conversa, buscando argumentos, porém Clint se ergueu e se despediu.

No estacionamento, desistiu da sua caminhonete F-150, ano 1978. Pediria para alguém buscá-la. Aquela encenação o deixou exausto. Tomou o primeiro ônibus que cruzou seu caminho. Realmente, havia se cansado do cinema e de todo aquele circo. Quando falou que daria uma pausa, era sincero. O ônibus estava quase vazio. Mesmo assim, um jovem, também com um forte sotaque mexicano, sentou ao seu lado. Reconheceu-o de pronto.

– Ei, o senhor é o Clint?!

– Sim. O próprio, meu filho.

– Nossa, não acredito?! Gosto muito de seus filmes.

– Obrigado.

– O melhor deles é aquele que se passa no Velho Oeste, onde o senhor e o Morgan Freeman defendem as putas de um bordel.

– É... Esse aí é bom mesmo.

– Qual é mesmo o nome?

– *Os Imperdoáveis*.

– Isso! Posso lhe fazer uma pergunta?

– Aham – no fundo, estava arrependido desse "aham".

– Falando em Morgan Freeman, o senhor não achou *Um Sonho de Liberdade* uma imitação fajuta de *Fuga de Alcatraz*?

– Acho que sim. Realmente, pareceu uma grande imitação.

– E quando o senhor vai fazer um novo filme?

– Não sei, meu filho. Me dê licença, vou descer no próximo ponto.

– Vai lá, Clint! Foi um prazer te conhecer. Posso apertar sua mão?

Apertaram as mãos. Pensou que esse era um jovem interessante, não como aqueles da Paramount, recém-saídos da universidade e cheios de certezas e palavras difíceis na ponta da língua. Devia ter conversado mais com ele e não inventado que aquele era seu ponto. Na calçada, Clint acenou para o primeiro táxi que apareceu.

(...)

Quando a claridade surgia, ele sentava na varanda. Isso o acalmava. Clint só queria sentir o vento mistral. A sensação era de conversar com a solidão, de compreender a eterna infância de Deus. Ali, naquela varanda, perdido em recordações, vivia um tempo particular. Um mar calmo. Uma praia desabitada. As ondas demoravam alguns segundos para quebrar na beira. Para ele, esses dias eram denominados *a espuma dos dias*. Sem responsabilidades ou compromissos que não fossem o mero se alimentar e dormir. Entretanto, não estava completo. Conhecia os motivos de seu desconforto. Foi alertado por seu pai, quando moço, a não se meter com arte. "A arte é muito perigosa". E o velho – que não chegou nem perto de alcançar a idade de Clint – tinha razão.

Enquanto o vento mistral lambia suas feridas, podia perceber de forma nítida que o filme da sua vida, o real, não havia sido rodado. As mais de 70 películas que atuou ou dirigiu não passaram de caricaturas. Jamais subiu montanhas montado em um cavalo ou correu riscos de verdade em uma intensa troca de tiros. Ele não era um personagem. Ou era um que ele não tinha ensaiado ainda. Sabia que era muito tarde para se arrepender, mas ainda tinha uma pilha de propostas para estudar. Bastava escolher um daqueles tantos projetos disponíveis para ele atuar ou dirigir. Alguma história decente, não uma cópia das que ele já realizou. Despediu-se da varanda. Foi ao escritório e releu duas dezenas de roteiros.

(...)

Estava diante daquela figurante. Tentava argumentar, buscar justificativas, porém uma outra mulher impedia a figurante de ouvir com atenção. Ele gritava, tentava arrastá-la para fora do set. Ela seguia estática, sem ouvir. Ele só queria fugir com ela. Mas a palavra "fuga" não saía de sua boca.

(...)

Acordou em pânico. A papelada ainda sobre a mesa. Foi ao banheiro lavar o rosto. Por onde ela andaria? Ligou o rádio. As notícias, como sempre, não eram boas. Preparou um café forte. Seu gato arrodeava suas pernas. Serviu ração a ele. Na época, apostou que a figurante estava com ele apenas por interesse. Queria visibilidade e capa em revistas. Agora, no momento em que a fumaça do café quente nublava seu rosto, não tinha tanta certeza de suas más intenções.

Retornou à varanda e o vento mistral não estava presente. Talvez fosse bom aceitar aquela biografia de sua vida, pensou. Das histórias que tinha em mãos, era a alternativa que despertava o mínimo de seu interesse. Havia resistido no começo. Achou a ideia tétrica, pois estava vivo, tinha lenha para queimar. Era um velho útil. Ao mesmo tempo, não se sentia totalmente compreendido pelo público.

Já que a arte era perigosa – e ele não havia ouvido seu pai –, por que não abraçar o perigo? Não tinha nada a perder. Se fracassasse, culparia a idade. Pediria a seu público que relevasse, pois estava gagá. Riu muito dessa possibilidade. Aquele amontoado de roteiros com personagens sérios, frios, espreitando a morte sem um riso na cara... Ele não era aquilo. Ou melhor, não era só aquilo. Sua biografia poderia mostrar um outro lado, como aquele personagem solitário e tenro que fez em *As Pontes de Madison*. Era uma possibilidade.

Ele sabia que era impossível retratar, de maneira digna, o curso de uma vida em um filme de apenas duas horas. Clint mesmo já havia cometido a bobagem de gravar uma biografia. Ao concluir o trabalho, ele percebeu que a vida do biografado – a vida mesmo – estava na rotina que não teria graça se fosse encenada. Com a sua história não seria diferente. Todavia, ele não interferiria nas orientações do jovem diretor – um artista "independente", "promissor" e "mais próximo ao cinema europeu", segundo um perfil publicado no jornal. Sua missão seria fazer o próprio papel. Em seus últimos dias, lógico. Teria um outro Clint, um ator mais jovem e igualmente "promissor".

Os primeiros dias de gravações foram terríveis. Era uma sensação esquisita assistir aquele jogo de imitação. Nos intervalos, ia até sua F-150, colocava um cassete qualquer de música *country* e fumava. Hábito que tinha abandonado há muito. Cinema sempre foi aquilo, sabia, mas toda vez que assistia aquele homem tentando copiar sua voz, seu caminhar, seus trejeitos, não tinha como não sentir pena da triste caricatura. O pior eram as pessoas que amava, também meras representações, meros estereótipos. Incomodava-se com o fato de estar sempre recomeçando a contar sua trajetória, durante meses, como se fosse possível corrigir ou melhorar algo que ficou para trás. O diretor e o estúdio – ínfimo se comparado a Paramount – tentavam, com a maior boa vontade, escolher as locações e montar os cenários da forma mais fidedigna possível. Porém, tudo era inverossímil para Clint.

Mas ele havia aceitado o desafio. Ganhou uma boa quantia para tal. Cabia, quando fosse representar a si mesmo, tentar com toda sua força, demonstrar um pouco do que havia em seu interior. Clint, então, estudou seus tiques, seus vícios, sua rotina. Caracterizou-se e mergulhou fundo na própria psique. Encontrou velhos amigos de infância, muitos perdidos em partidas de dominó e damas nas praças de sua cidade natal. Sentou em frente à sua velha casa e contou o número de pessoas que circulavam. Passou um tempo com seus filhos e netos. Compareceu aos churrascos de fim de semana da família. Aproveitou para organizar o porão, pois estava atrás de seus antigos álbuns de fotografias. Tentou, sem sucesso, consertar algumas coisas na garagem. E, principalmente, enfrentou a solidão em noites que não voltam mais. Quando retornou ao set de gravação e ouviu o primeiro "Ação!", Clint se deu conta que estava sendo uma bela representação de si mesmo. Como nunca tinha sido.

Como um filme de Almodóvar

Era fim de madrugada. O salão vazio. Cadeiras sobre as mesas. Suas mãos estavam unidas, dedos finos entrelaçados, repousando ao final da coluna levemente úmida, quase alcançando o cóccix dela, que mantinha a palma esquerda no pescoço e a direita no centro das vértebras sobressalentes dele. Ambos, com os olhos cerrados. Nenhuma luz, nem do globo giratório, nem dos *lasers* dos canhões com movimentos aleatórios. Ela emitia fracos suspiros. Ele balbuciava a canção que preenchia o salão vazio. Juntinhos, dançavam um *dois pra lá, dois pra cá* tímido. Quase não saíam do lugar. Para onde iriam depois que a música acabasse?

Vendo de fora, pareciam um casal de verdade. Pareciam carentes de amor, pareciam confidentes, pareciam um homem e uma mulher que estavam dispostos à felicidade e à rotina dos dias.

Mas o que ele ia querer com uma puta? E qual o interesse dela em um cara solitário e triste, que se indispõe a pagar uma dose? A breve história do casal começou porque ambos gostavam de Almodóvar. Ela, incrivelmente, conhecia a filmografia do cineasta. Os dois, se fossem consultados, aposto que não lembrariam como a conversa foi chegar em cinema, muito menos em Almodóvar.

Ela era a única garota de programa que não estava com as pernas à mostra. Não vestia short nem vestido. Isso chamou a atenção dele. Outro ponto importante: ela estava com uma camiseta preta, de uma banda de rock.

– Posso beber um pouco da sua cerveja? – perguntou, logo que percebeu que estava sendo olhada.

– Claro – ele respondeu, levemente cavalheiro, levemente cafajeste.

– Você sabe que eu não posso beber cerveja de clientes?

– Não sabia.

– Nós só podemos beber drinques. É uma norma da casa.

– Imagino que seja uma maneira de ganhar mais um dinheiro com o trouxa aqui.

– Bingo!

E ficaram sentados, lado a lado. Ela disse que estava de camiseta porque queria ir embora, não tinha mais clima para ficar. Ele não questionou os motivos para a falta de ambiente, apenas atirou o braço direito sobre os ombros da "puta alternativa", que foi como seu amigo a descreveu depois. Ela tinha uma franja e cabelos bem escorridos. Um nariz adunco. Não era a mais bonita do puteiro.

– Que legal seus sapatos. Você é muito *estiloso*. Veio direto do escritório?

Ele sorriu com a boca torta. Não queria responder, nem estava interessado em conversar, seus objetivos eram outros. Pediu que ela bebesse um pouco mais sua cerveja e, se fosse de seu interesse, ficasse mais à vontade.

– Se a gerente me pega bebendo cerveja... Nossa, nem quero ver! Ela é daquelas mulheres que implicam com tudo, sabe?

– Então, essa gerente deve ser minha ex-mulher! Não sabia que ela trabalhava aqui...

Ela deu uma larga risada. Ele esticou o braço que não estava sobre os ombros dela em direção a garrafa escura. Encheu o copo até a borda, formando meio copo de espuma. Havia apenas um sobre a mesa. Ela tomou a iniciativa e caprichou no gole.

– O que você está fazendo aqui? – ela questionou.

Se ele fosse sincero, qual seria a resposta? Estou afim de comer alguém? Só consigo comer alguém pagando? Não tenho mais paciência para todos aqueles joguetes baratos das mulheres?

E ela? Se ele lhe perguntasse, o que diria? Entretanto, até mesmo em uma boate, cercado de profissionais e cafajestes, é necessário jogar. A resposta foi:

– Estou aqui para me divertir.

Foi uma boa cartada.

– Também estou aqui por esse mesmo motivo! – ela falou.

Que falsa coincidência, pensaram. A partir disso, iniciaram um bate papo sobre atividades que ambos faziam para se divertir, além de sexo, lógico. Ela citou cinema e, logo depois, falou de supetão.

– Adoro os filmes de Almodóvar. Assisti todos.

Uma prostituta que gostava de Almodóvar. Decerto, era algum tipo de tática. Nunca, nas muitas vezes que esteve em casas de tolerância, ouviu algo do tipo. Por isso, para confirmar que não se tratava de algum blefe, ele pediu que citasse um filme.

– *Fale Com Ela*, é o que mais gosto – ela declarou. – É o melhor dele, não há dúvida alguma sobre isso.

Era surpreendente, mas, ainda assim, poderia ser uma jogada. Ele fez de conta que não tinha visto a película e pediu para ela descrever a história.

– É assim, ó: um homem, um enfermeiro, trata de uma mulher doente, em coma profundo. Ele é vidrado nela, trata-a como se estivesse viva. Ela está viva, lógico, mas tá em... Bom, você entendeu. Há uma outra história paralela também...

Ele resolveu interromper e completou a descrição dos tais personagens paralelos, fingindo-se lembrar do filme. Ela achou engraçado a casualidade de encontrar uma pessoa que gostava de Almodóvar em um puteiro. Ele muito mais, porém não quis citar isso, poderia soar deselegante.

– Isso só pode ser algum sinal! – constatou a garota.

Ele, institivamente, aproximou seu rosto ao dela. Estavam próximo de um beijo. Ela desviou.

– E seu amigo? Parece um cara legal. Você não me apresentou a ele...

Esqueceu que não estava só. Ergueu-se, foi até seu amigo – que se esfregava com uma mulher atarracada, de bunda enorme – e perguntou se ele poderia ir até sua mesa. O pedido foi negado, pois o amigo afirmou que estava prestes a subir com aquela mulher. Ele, então, retornou à mesa, sozinho. Ela o recebeu com um sorriso.

– Acho que ele está ocupado... Desconfio que vá subir logo, logo.

Ele confirmou a suspeita dela e voltou a abraçá-la. Dessa vez, puxou seu rosto para perto do seu. Beijaram-se.

– Meu Deus, não posso ficar beijando clientes! Acho que você sabe disso, não é?! – alertou, depois de retribuir o beijo e afastar o rosto abruptamente.

Ele sabia. A partir disso, os dois se esbarraram em um silêncio avassalador. Queriam ficar juntos. Conhecer mais sobre a vida um do outro. Porém, era evidente que haviam começado com o pé esquerdo. Estavam em um dos lugares mais tristes para se estar. Não havia nada para fazer que alterasse a realidade. Traziam consigo entulhos de memórias que os soterravam. Buscavam na noite algum tipo de refúgio contra suas guerras pessoais, suas batalhas perdidas. Mas já não tinham idade para aquilo. O tempo de fingimento havia acabado. E eles insistiam em estar ali, dividindo aquele espaço. Todos os presentes eram iguais. Aquele salão escuro podia esconder parcialmente seus rostos, porém, escancarava essa melancolia que eles vivenciavam. A felicidade era uma farsa. E eles sabiam disso.

– Você já quis que as coisas fossem diferentes? – ele comentou, como que buscando um início para uma tese.

– Como assim?

– Como se você acordasse e vivesse, a partir desse dia, uma nova vida.

– Sim. Mas, na verdade, não gosto de pensar nesse tipo de besteira.

– E o que você faz para não pensar nesse tipo de besteira?

– Eu simplesmente tento não me iludir, ou sonhar demais.

– É um bom jeito de ver as coisas...

– É o único.

Ela limitou-se a pentear os cabelos com as mãos e jogá-los com a cabeça para os lados. Com as unhas, terminou o processo, ajeitando a franja. Ele parecia, de forma abrupta, um tanto esgotado e triste. Assistiu seu amigo, enfim, subir. Coube a ele recolher seu abraço e inclinar as costas para trás, roçando-se no estofado do sofá, como que procurando um espaço mais confortável para as costas. A gerente viu o casal. Nenhum drinque sobre a mesa.

– Essa mulher é chata demais, uma cobra. Vou ter que me arrumar, estou tão malvestida... – suspirou, olhou o salão um tanto desanimada. – É melhor eu fazer isso agora. Se eu voltar aqui, você vai ter que me pagar uma dose.

– Por quê?

– Pra que a gente possa ficar junto, entendeu?

Ele fez um sinal de positivo. Ela sumiu.

Quando retornou ao salão – de vestido verde escuro, bem justo, salto alto e maquiagem pesada –, havia se passado trinta minutos. Cruzaram-se e fingiram não se ver. Fingiram não ter vontade de ficarem juntos novamente. Jogavam um jogo sem perspectiva de vencedor, como qualquer atividade de azar.

Até que o garçom surgiu com a tal bebida, uma mistura de energético com uísque.

– Era isso que você queria? – ele falou.

– Nem vou beber. Só vou deixar o copo em cima da mesa. A gerente vai achar que você está pagando várias doses. Assim, a gente pode ficar conversando um tempão.

Estavam unidos outra vez. Sorrindo, brincando, cantando músicas de Raul Seixas, outro gosto comum. Competiam para saber quem conhecia mais, quem sabia nome e o ano dos discos e, por fim, quem cantava as letras sem errar.

– *Tu és o grande amor da minha vida, pois você é minha querida e por você eu sinto calor* – ela berrou, enquanto fazia um gesto esquisito, como se segurasse um microfone em um programa de auditório.

Ele emendou a parte que faltava da letra e, em certo momento, os dois cantavam junto. Uma pena que a música do local estava muito alta e ninguém prestou atenção na felicidade dos dois.

Angélica Bella

Era fraco, feio e desajeitado. Esses predicados afetavam todo o resto. Não sabia jogar futebol, não gostava de briga, odiava sair pra rua e, por fim, não tinha namoradinhas. Era um menino recluso e triste. Por todo esse conjunto da obra, sua mãe lhe permitia que locasse filmes VHS adultos. Era o único do bairro que tinha essa regalia. Não era permitido esse tipo de ação – um menino alugar filmes pornográficos na única locadora das redondezas –, mas com uma autorização da mãe, verbal e por escrito ao proprietário do estabelecimento, foi possível abrir esse precedente. Uma jogada e tanto daquela jovem senhora. Ela sabia que, com essa empreitada, a possibilidade de seu filho conseguir amigos aumentaria de forma significativa – no fundo, ela também tinha receio de que o filho "virasse" homossexual, mas não gostava sequer de pensar nisso. Segundo sua imaginação, um dia, ele conheceria um menino, comentaria sobre esse benefício – e qual guri não toparia ser amigo de alguém que tem esse tipo de acesso? – e tudo estaria feito. Uma amizade puxaria a outra. Logo, logo, estaria rodeado de amigos, como qualquer garoto de sua idade. Poderia ser até o mais popular da gurizada. E foi assim que aconteceu. Ela trabalhava muito, era uma enfermeira dedicada. Por ser divorciada, não ter condições financeiras e parentes próximos, não tinha com quem e onde deixar seu filho único, Anderson, que ficava livre todas as tardes, depois que retornava do colégio no final da manhã.

Seu pequeno apartamento alugado acabou se tornando um refúgio para os punheteiros do bairro. Anderson organizava sessões e, inclusive, cobrava ingresso de alguns que não ia muito com a cara. O preço variava conforme o humor. Outros, como Leonardo, que jogava bem futebol, gostava de brigas e já namorava, tinham trânsito livre. Afinal, era bacana andar com ele para cima e para baixo. Dizer que era amigo de Leonardo dava status e trazia uma sensação de segurança. Foi em uma dessas ocasiões, nas tardes de masturbação no apartamento de Anderson, que Leonardo teve sua primeira vez.

Anderson, Leonardo e Diego estavam na sala de estar – onde ficava a televisão e o aparelho de videocassete –, assistindo um filme pornô italiano com a atriz mais desejada por todos, Angélica Bella – que, na verdade, era húngara de nascimento, porém, isso não vem ao caso. Na cena, três homens encapuzados abusavam da musa morena, cabelos negros cacheados, seios fartos, pernas enrijecidas, narizinho empinado e olhos esverdeados. Penetravam-na por todos os buracos possíveis. E ela sorria, como se estivesse fazendo troça deles. Incrível!

Os três se masturbavam e comentavam bobagens de guri. Falavam que tinham o pau maior que o dos atores; que a vizinha devia ser tão puta quanto Angélica Bella; que, um dia, fariam o mesmo com Fernanda, a mais bonita das garotas do bairro e... Um estalo no corredor do prédio! Passos e mais passos. Qualquer sinal de barulho, todos paravam suas sem-vergonhices. Poderia ser a mãe do Anderson chegando. Uma das táticas para evitar serem flagrados se masturbando era o vídeo game, que também estava plugado na televisão. Bastava ouvir um ruído e eles trocavam a transmissão do filme para o jogo eletrônico. Na época, eles se achavam os espertos. Mas é evidente que ela sabia de tudo isso. Foi adolescente um dia. Todo o adulto é um jovem, só que mais cansado, mais preguiçoso.

– Era só o vizinho – disse Diego, mirando o olho mágico.

Eles tinham um objetivo e Anderson foi o primeiro a alcançá-lo. Gozou e foi ao banheiro se limpar. Leonardo e Diego voltaram a se masturbar, lado a lado, no sofá. De bermudas arriadas, mantinham suas camisetas tapando suas picas.

– Que tu tá olhando pro meu pau, viadinho? – perguntou Leonardo e, prontamente, deixou seu pau exposto.

Diego realmente olhava de rabo de olho. Ele tinha fama de covarde, por só apanhar na escola, sempre sem reagir, e de não gostar de menina. Mesmo surpreso com a pergunta, um tanto agressiva, não respondeu, apenas continuou vendo o filme – no momento, os homens gozavam no lindo rosto de Angélica Bella. Leonardo, diante do silêncio, levantou-se e caminhou com uma certa dificuldade, por estar com a bermuda até os joelhos, e se postou na frente do seu amigo medroso. Sua pica, que era maior que a de Diego, estava a dois palmos da boca do seu colega de sétima série.

– Bate pra mim, viadinho!

– Tá louco?! Para com isso, meu!

– Bate, senão vou te dar um soco na cara! – e já preparou o punho, como um boxeador que leva seu oponente para o corner antes de nocauteá-lo.

– Para, eu não fiz nada! Não tava olhando.

– Eu te defendo quando querem te surrar na escola. Agora, tu vai bater pra mim!

– Mas eu já te ajudei em matemática...

Diego virou o rosto. Estava acuado. Cansou de ver Leonardo brigar, cansou de ver garotos correrem dele. Sabia que apanharia, não teria outro jeito. Diego esperava um soco quando Leonardo, em um movimento rápido, tentou enfiar o pau em sua boca. Ele parecia não estar brincando.

A solução que Diego encontrou foi se encolher no canto do sofá, em posição de defesa. Tentou se vestir, mas Leonardo não deixou, investindo com força, com empurrões e roçando seu pau em Diego, que em sinal de trégua, segurou-o com firmeza.

– Para, para! Tá, eu bato.

Acalmaram os ânimos e se prepararam. Estavam tensos. Leonardo em pé, duro. Diego sentado no sofá, começou os movimentos, usando a mão direita – estava impressionado com a rigidez. Os dois não se olhavam, nem interagiam. Seguiam nas mesmas posições, assistindo ao show de Angélica Bella. Em estado de choque, Anderson retornou do banheiro e viu aquilo tudo. Já estava ali há algum tempo, quando Leonardo fez sinal de silêncio e mandou-lhe se afastar, indicando o quarto, como se fosse o dono do apartamento. Anderson, baqueado, seguia olhando. Leonardo fez uma carranca, como quem estivesse avisando que uma surra estava por vir. Anderson, aí sim, acatou a ordem e sumiu do ambiente.

– Agora, fica de quatro!

– Não, por favor... Tu disse que era só para bater.

– Eu não disse que era *só* para bater.

– Tu disse.

Leonardo deu um tapa forte na cabeça de Diego, que seguia sem olhar o que fazia. Agarrou seus cabelos pela nuca e esfregou sua pica úmida na boca – fechada – e bochecha dele. Chegou a passar nos olhos e ouvidos.

– Vamos logo com isso, seu viadinho!

Diego, com o rosto babado, como se tivesse sido beijado por quatro tias, acabou obedecendo. Na realidade, estava muito confuso. Não sabia se estava gostando daquilo. Já tinha transado com seu primo – havia esse boato no bairro – de uma forma bem mais consensual ou menos estúpida. Aconteceu enquanto brincavam de esconde-esconde, encontraram um bom lugar e simplesmente fizeram. Revezaram, cada um teve a sua vez. Seu tio, anos antes, havia-o molestado, fazendo chupar seu pau de velho tarado. Relembrou esses acontecimentos – e tentava retomar as sensações que experimentou – nos poucos segundos que teve antes de sentir, outra vez, uma dor curiosa em seu traseiro. Leonardo, que não havia transado até então, colocou com muita força. Depois que estava dentro, não soube direito o que fazer. Ele também se sentia esquisito. Nos VHS que assistia no apartamento de Anderson, cansou de assistir Rocco, o galã dos filmes pornográficos italianos, fazendo. Ele chegava, enfiava e pronto. Porém, para ele não foi uma tarefa fácil. Hora colocava seu pau, com muito esforço e dor; hora movia seus ombros e o restante do corpo, de forma desajeitada, desconexa. Era um exercício estranho – parecido com a primeira vez que fez polichinelo na aula de Educação Física –, algo complicado de se praticar. No meio da transa, percebeu que não sabia o que fazer com as mãos, pois não queria tocar em Diego – se fosse uma mulher, seria bem mais simples, pensou. Contudo, o contato foi inevitável. Quando Leonardo estava a vir, Diego o sentiu crescer dentro dele, muito rijo, e engatinhou para frente, como se quisesse fugir do inevitável. Nesse instante, Leonardo se viu fora, jorrando nas costas de seu amigo. Foram poucos segundos, mas foi possível ver o cu de Diego – Leonardo pensou que, aberto daquele jeito, caberia uma bola de gude dentro –, seu saco, sua bunda quase sem pelos e o seu pau meio mole, meio duro. Não sabia a razão, mas tomou Diego pelas ancas e retornou para ele, com pressa, um pouco apavorado do que sentia, dando diversas estocadas, abruptas e desengonçadas. Diego parou de engatinhar, apertou os dentes nessa hora e, como se tivesse prendido a respiração todo esse tempo, soltou um grunhido abafado, de profundo alívio, mais alto que o som do filme. O vizinho, que estava em casa naquela hora, certamente ouviu. Leonardo percebeu que não sairia mais nada de si. Retirou-se e sentou no sofá. Olhava a própria pica. Achou que havia se machucado com toda aquela função. Diego, ainda de quatro, vestiu sua bermuda. Não teve coragem nem vontade de sugerir uma troca, como fizera com seu primo. Estava dolorido demais. O gozo de Leonardo desceu e umedeceu sua cueca – velha, com elásticos cansados – e começou a escorrer por suas pernas. Queria correr, sair o mais rápido dali, mas achou melhor também se sentar no sofá.

Cabeça baixa, manteve-se o mais distante possível de Leonardo. Como o sofá era de três lugares, o espaço do meio ficou vago. Eles não se miravam, só tinham olhos para os pingos no tapete. Estavam com vergonha. Alguém teria que limpar aquela nojeira. Leonardo bateu na porta do quarto de Anderson – que acabou se trancando, com medo –, dizendo que queria ir embora, estava com pressa. O dono da casa atendeu o pedido. Diego aproveitou e saiu também, mas alguns passos atrás de Leonardo. Na rua, cada um foi para um lado. Anderson ficou só, com toda aquela cena na cabeça. Não sabia o que pensar, nem o significado daquilo.

Na televisão, a VHS de Angélica Bella seguia, agora, ela atuava como uma camponesa safada. Pernas bem abertas, era penetrada em cima um morro de feno, enquanto chupava dois paus. Que fogo tinha aquela mulher! Angélica Bella era capaz de enlouquecer qualquer um.

A vez que minha mãe mandou trancar a geladeira

Eles chegaram de surpresa. Tio, tia e primos. Minha mãe detestava essas surpresas. Não gostava de minha tia e sabia que, por causa da presença de meu tio, meu pai começaria a beber antes do jantar. Isso significaria que ele ficaria bêbado cedo demais. As visitas incômodas iriam embora, ela ficaria com toda aquela pilha de louça e meu pai seguiria bebendo, sozinho, ouvindo músicas do *Creedence Clearwater Revival* em um volume absurdo e pensando no passado. Talvez nas mulheres que ficaram para trás. Talvez nos amigos que ele nunca mais tinha visto. Talvez nos empregos que ele não teve porque não estudou. Talvez na cidade e na infância que ele havia deixado no caminho. Talvez na falta de dinheiro que assolava nossa casa. E quando chegasse a vez de tocar *Molina*, ele tentaria acompanhar a letra, mas sem saber inglês, sua cantoria seria ridícula e deprimente pra caramba. A fita cassete rodaria umas duas ou três vezes. Até que ele apagasse no sofá ou no chão mesmo.

Minha mãe tinha pena dele. E uma grande dose de nojo também. A convivência tem disso. Mas o que ela poderia fazer? Eu, o "pobre anjo", sempre ia pra cama nessas situações. Ela chegava, pé por pé, até a borda do colchão e diria qualquer coisa baixinho, para não me acordar, como "Tá tudo bem, meu filho". Ou, se eu tivesse acordado por causa da barulheira do Creedence, ela mandaria eu rezar junto com ela.

– Santo Anjo do Senhor, meu zeloso guardador, se a ti me confiou a piedade divina, sempre me rege, me guarda, me governa e me ilumina. Amém.

E fecharia a porta, tentando abafar aquele som ensurdecedor. Trancada em seu quarto, ela pensaria que havia feito uma bobagem. Uma bela bobagem. Um menininho de cachinhos marrons.

Porém, naquela noite, ela teve uma ideia. Antes que todo esse cenário se repetisse, ela me comentou.

– Hoje, eu vou trancar a geladeira para o seu pai não beber mais. Eu te dou a chave e você a esconde. Se ele desconfiar de nós, você não entrega pra ele de jeito nenhum! Combinado?

Assenti e voltei a brincar com meus primos de *polícia e ladrão*. Meu primo não corria rápido, porque era gordinho, e minha prima não sabia se esconder. Eu sempre gostava de brincar com eles por isso: eu era o melhor. Depois do jantar, minha mãe apareceu discretamente e me entregou a tal chave.

Acontece que quando acabou a cerveja, meu pai foi até a geladeira e verificou que ela estava trancada. Quem fez isso, perguntou à minha mãe. Ela afirmou que não sabia do que ele falava e seguiu conversando com minha tia.

– Coisa de piá! Deve ter sido um deles...

Questionou as crianças. Que péssima ideia, mamãe! Não consegui disfarçar. Quando ele me segurou forte pelos braços disse que estava em uma gaveta, na penteadeira, no seu próprio quarto. Era mentira. Quando papai me largou para ir até seu quarto, corri loucamente. Abri a porta de casa e sai pelas ruas do São Sebastião: Ministro de Oliveira Lima, Presidente Juarez, Lasar Segall. Corria o mais que podia quando percebi que uma sombra gigante se aproximava da minha. Eu estava de chinelos Havaianas, o que dificultava minha corrida, ele descalço. Gritei por socorro e nenhum vizinho me ajudou, lógico. Todos pensaram que eu, que sempre quebrava vidraças, roubava picolés no mercadinho, brigava com outros guris, puxava o rabo de cavalos de meninas, estaria errado. Aliás, acho que torciam para que meu pai, enfim me pegasse e me surrasse. E isso aconteceu quando alcançamos a rua Guará. No caminho de volta, subi minha rua aos solavancos, a tapas na cabeça e pontapés na bunda. Chegando em casa, meu tio comentou.

– O que há com esse guri?

– Não sei, eu bato e ele não aprende. É briguento como a mãe dele. Vai me dar muita dor de cabeça...

Me revoltei por ter apanhado e decidi, em uma atitude honrada, de não devolver a chave. Falei, aos prantos e berros, que ele poderia bater mais. Minha tia e mãe intercederam. Meu pai ficou constrangido e fez um gesto com a mão, como que afirmando que tudo bem. Todos estavam contra ele sempre, é o que pensava. Deu as costas e foi até a cozinha. Descarregou sua raiva e arrebentou a porta da geladeira. Pegou suas cervejas. Reclamou que algumas garrafas estavam congeladas em razão desse "Guri mal-educado que puxou a mãe", mas tomou todas mesmo assim. Meu tio, tia e primos foram embora.

Ele ainda tinha uma garrafa de um preparado de butiá com cachaça escondida. Durante a madrugada inteira, a vizinhança inteira do São Sebastião teve que ouvir o *Creedence Clearwater*

Revival. Os vizinhos tiveram que escutar ele tentar, de forma patética, cantar *Molina* com sua língua pesada de bêbado.

Toda aquela correria me deixou cansado. Dormi profundamente. Além do sonho recorrente que tinha, de sentir meus dentes caindo e mastigá-los, sonhei que salvava meu pai de se afogar. Ele estava em um mar bravo, apoiando-se em um baú. Consegui puxá-los até a beira-mar. Enquanto ele dava sinais de vida, tossindo e cuspindo, eu fui até o baú e o abri. Não tinha nada dentro. Acordei, um pouco assustado. A música ainda ecoava pela casa. Porém, dessa vez, minha mãe não foi ao meu quarto rezar, nem velar meu sono. Preferiu, depois de lavar a louça, fingir que dormia. Tinha vergonha. Do meu pai e dela própria. Mas não havia jeito de consertar as coisas. A bobagem estava feita.

Este livro foi composto enquanto *Alone Together*, de Chet Baker, tocava por meio de um fone azul que partia o som ao meio, em tipologia Meridien, em junho de 2016, para a Editora Moinhos.